超感覚的!! 不動産のことがどんどん好きになる本

株式会社不動産SOS
代表取締役
細川勝矢 Katsuya Hosokawa

現代書林

はじめに……不動産の知識は必要だけど、学校では教えてくれない

不動産に対して、みなさんはどのようなイメージを持っていますか？

ごく簡単に言えば、不動産は土地と建物のことを指します。不動産について何か語るには専門的な知識が必要になる。不動産会社の営業マンじゃないから、自分には知識なんてない。難しい世界の話だからパス。知らなくてもどうってことないでしょ……。

そんな印象を抱いている人が少なくないと思います。

普通の人にとって不動産の知識は不要なもの。縁遠い世界のことで関係ない――。

もしみなさんがそう考えているとしたら、それは本当にもったいない！　認識を改める必要があります。

真実は真逆です。

高校や大学を卒業後、社会人となって賃貸のアパートやマンションで一人暮らしを始める。その賃貸物件は不動産の一つです。

サラリーマン時代、資産運用に目覚めて中古アパートに投資する。そのアパートは不動産の一つです。結婚し、賃貸住まいを経て念願のマイホーム購入へ。そのマイホームは不動産の一つです。血縁者が他界することがあれば、その人所有の土地建物を相続することに。その土地建物は不動産の一つです。

このように見ていくと、不動産との関わりの深さがわかりますよね？

生きている限り、不動産との縁は切れません。人生のさまざまな場面において、不動産は密接に関係するのです。

ですから、不動産の知識は必要不可欠。快適な暮らしや豊かな生活を送りたいと思ったら、不動産の知識は欠かせません。

もっと言えば、不動産の正しい知識を持つことは「得」につながり、逆に知識がなかったり、間違った知識を持つことは「損」につながります。

「衣・食・住」という言葉はみなさんご存じですよね。衣＝衣服、食＝食物、住＝住居。人間の生活の基本的な要件を簡潔に表現しており、この三つの要件なくして生活は成り立ちません。であれば、衣・食・住に関する知識を学校教育で教えてしかるべきでしょう。「衣・食」は家庭科の授業で学びます。では、「住」はどうか。該当する科目はなく、学校では教えてくれません。

住居はまさしく不動産の一部。前述したように、人生のさまざまな場面において不動産の知識は必要不可欠であり、知識があるかないかで有利・不利の明暗が分かれます。

それだけ重要であるにもかかわらず、なぜ「住」すなわち不動産のことを学校できちんと教えてくれないのか。僕は不思議でなりません。

不動産の正しい知識を持てば鬼に金棒。金銭的な見返りはもちろん、精神面の安心も得られ、より充実した人生を送れるようになるでしょう。

学校で教えてくれないなら、僕が代わりにお役に立てないものか。おこがましいと思いつつも、不動産業に10年以上関わる者として、経験を踏まえた「生きた知識」をご提供したいと考えたのが本書執筆の動機です。

僕は愛知県海部《あま》郡《ぐん》蟹江《かにえ》町《ちょう》で不動産ＳＯＳという会社を経営しています。創業は２００８年。地元に根付いた敷居の低い街の不動産屋さん&通常の不動産屋さんでは難しい取引業務を行う不動産のプロフェッショナル集団を目指して歩んできました。
地元を中心に愛知県全域をはじめ、三重県、岐阜県と幅広いエリアの不動産を取り扱い、不動産の売買、賃貸、管理、仲介のほか、債務整理や競売、相続などに関するトラブルにも対応します。

世にある不動産本は難解なものが少なくありません。本書はそういった書籍とは一線を画し、不動産の「賃貸」「売買」「投資」などにおけるノウハウを、できるだけ平易な言葉で説明したいと思います。なお、僕のビジネスのエリアは中部圏ですから、他の地域とはルール等が異なっていることもあるかもしれません。その点はご了承ください。

不動産で明るく豊かな人生を送るためのヒントとして、ぜひご一読いただき、参考にしていただければ幸いです。

細川　勝矢

※本書は2019年（令和元年）時の法律に基づいて書かれています。

目次

第1章 僕は不動産と出会ったからこそ幸せになれた

第2章

借りて使う！【賃貸不動産の考え方】

第3章

買って使う！【売買不動産の考え方】

第4章

貸して（売って）稼ぐ！【不動産投資の考え方】

第5章

知っておきたい不動産の基礎知識

第6章

挑戦してみよう！不動産の知識テスト＋不動産の簡易査定
簡単に所有不動産の査定ができる魔法の計算式付き

第1章

僕は不動産と出会ったからこそ幸せになれた

不動産に出会う前と後で、人生が180度変わった

不動産の説明に入る前に、僕のこれまでの道のりをお伝えします。

振り返れば、山あり谷ありでした。その歩みの中、僕は不動産との出会いによって幸せをつかみました。いや、不動産との出会いがあったからこそ幸せになれたという表現のほうが正しいでしょう。

何者にもなれず悶々としていた日々から抜け出し、人生を１８０度好転させてくれた不動産。不動産の魅力や利点をご理解いただけると思うので、少し横道にそれますがお付き合いください。

「はじめに」で述べたように、僕は愛知県海《あ》部《ま》郡《ぐん》蟹《かに》江《え》町《ちょう》で不動産ＳＯＳという会社を経営しています。不動産の売買、賃貸、管理、仲介のほか、債務整理や競売、相続などの難しい案件にも対応。２００８年の創業から10年以上が過ぎました。

正直、最初から不動産に興味を持っていたわけではありません。むしろ興味や関心は低

かったと思います。まったくの異業種からこの業界に飛び込み、根を下ろすことになったのです。

僕は1975年、兵庫県の淡路島で生まれました。子どもの頃の将来の夢は、学校の先生、手品師、社長のいずれかになること。どれも脈絡はなく、かっこいいと思える職業を漠然と思い描いていただけでした。

淡路島で18年間過ごし、大学進学のために愛知県へ。卒業後は兵庫県に戻り、ミスタードーナツのフランチャイズに加盟しているフードサービス関連の会社に入社しました。お馴染みのドーナツチェーンの店員として、ドーナツ作りに励む毎日を送ることになります。

それがなぜ不動産の世界に転じ、開業するまでに至ったのか。

じつは僕は社会に出てから、自分が社会不適合者であることをまざまざと痛感しました。といっても、何か会社で問題を起こしたわけではなく、単に同僚のみんなと同じように仕事や人付き合いができない性分でした。要は、「右にならえ」が大の苦手だったのです。

協調性に欠けていたのは幼少期から。薄々わかっていましたが、サラリーマンには向かなかったのでしょう。

楽しかった愛知県での大学時代の暮らしを思い出し、大学時代の友人を頼って、再び愛知県へ。25歳のときに友人の紹介で不動産会社に入り、新たな世界でスタートを切ることになりました。

ところが、その会社が入社わずか2ヵ月半で突然の倒産……。これにはまいりました。職を失い、生活が立ちいかない。かといって実家にも頼れませんでしたから。

生活費は消費者金融からお金を借りて工面し、一方で転職活動に奔走。ハウスメーカーで4年、不動産会社で4年と渡り歩き、独立開業しました。

開業を決意したのは、前述したサラリーマンが不向きだったことも一つの要因です。でもそれ以上に不動産の仕事が楽しく、やりがいを感じたからに他なりません。まさに天職だったと言えるでしょう。

加えて、ビジネスとして、また個人・法人が資産を築く手段として、不動産ほどお金を生みやすいものはないと確信できたのも大きいです。現在も会社を経営し、成長を続けられているのは、企業努力とその読みが正しかったことを証明しています。

このように不動産との出会いにより、僕の人生は好転していったのです。

不動産って面白い！

不動産の仕事が楽しくなるにつれ、自分でも不動産を購入したいという思いが芽生え始めました。資産を増やすのに最適とわかれば、購入したくなるのは当然のことです。

ただ当時は30そこそこでしたから、手持ち資金が潤沢とは言えません。でも、きちんと吟味すれば安くても儲かる掘り出し物の不動産は潜んでいます。僕がそのとき手にしたワンルームマンションと土地もそうでした。

不動産の面白さを象徴する例として紹介しましょう。

まずワンルームマンションから。家賃収入を得ることを目的に、初めて購入した収益不動産です。価格は270万円の物件を値切って210万円で購入しました。約3万円の家賃が毎月入ってくるものでした。

この物件を購入したと同時に390万円で売り出すことを考えました。売れなくても家賃収入を得られて、買い手がついて有利な条件だったら売ればいい。どちらに転んでも損はないという戦略で臨んだのです。

結果的に約1年後に買い手が現れました。ただ390万円で売却とはならず、交渉により約300万円での成約。

トータルでの儲けは、

・1年間の家賃収入36万円＋転売益90万円＝126万円

ワンルームマンションの管理は業者にお任せだったため、1年間ほったらかしで126万円を手にした計算です（実際は、そこから税金や諸費用を差し引いた金額ですが）。人に貸すだけだったら年間36万円の実入り。210万円の投資金回収には約6年を要します。それが売買との組み合わせにより1年で資金回収でき、大きな儲けを得られたわけです。

次に土地。こちらは転売のみを目的に購入しました。

最寄り駅から徒歩圏と近く、家を建てるには格好のエリアでしたが、土地に接する道の幅が狭くて大きな車は出入りができない。その難点ゆえ２１０万円の破格値で売り出されていました。道の幅が広ければ１０００万円以上の値がつくエリアでしたから、超お買い得だったわけです。

ただ、いくら破格の安さでも需要がなければ宝の持ち腐れでしかありません。家を建てても大型車が置けないことがネックになって、投資は見送られていたのでしょう。

でも僕は勝機を見出しました。ある人には大型車が置けないことがネックでも、その問題をネックとしない人は少なからずいるもの。価値を見出してもらえる層の存在を強く感じ、購入を決断したのです。

読みは的中。約2年の放置期間を経て、大型車を必要としないご夫婦にご購入いただけました。成約金額は、その地域の相場よりは少し安い８７０万円。２１０万円で買った土地がその4倍もの金額で売れたわけですから、万々歳でした。

どちらのケースも、すごい利益率だと思いませんか？

・ワンルームマンションは２１０万円の投資金が約1年後、１２6万円の実入りを生んだ。
・土地は２１０万円の投資金が約2年後、６６０万円の実入りを生んだ。

しかも、どちらも手間なしです。

預貯金で同様の結果を求めるのは論外。他の金融商品でも手間なしでは無理だと思います。不動産への投資だけが成せることと言っても過言ではないでしょう。

必要なのは不動産を見る目と、ちょっとした知恵を養うこと。そうすれば誰もが驚きの成果を手にできます。

これは投資に限った話ではなく、賃貸、売買においても同じです。本書はその手引きとして、僕の経験、英知を余すところなく皆さんにご提供します。

自己資金ほぼ0円でスタートした不動産会社

サラリーマンとして不動産業界に身を置いたのは約4年。業界経験は短いほうかもしれませんが、さまざまな経験を積むことができた「濃い」4年間だったと思っています。

その後、創業し、不動産会社の社長となったわけですが、当時、自己資金はほぼゼロ。そんな状況で会社を作り、友人から200万円を借りて、いざスタートしたのです。

自己資金なくしてビジネスを始められるのは、不動産業ならではかもしれません。

不動産業には「仲介」というビジネスモデルがあります。仲介は「間に入る」ことを意味します。不動産の売買や賃貸において、売主と買主もしくは貸主と借主の間に立ち、売買契約や賃貸契約をまとめるのが「不動産仲介」のビジネスモデルです。結婚でいうところの仲人のようなものですね。

不動産の仲介なら初期費用を必要とせずに始められます。もちろん、宅建士(正式名称：宅地建物取引士)の免許を取得していることは必須条件になります。


僕が最初に始めたのも不動産の仲介でした。売買契約や賃貸契約を成立させると手数料を得られます。それが会社の稼ぎです。売買の場合、手数料は次のように物件価格ごとに決まっています(2019年5月現在)。

・成約価格200万円以下……「5%」の手数料
・成約価格200万円超~400万円以下……「4%+2万円」の手数料
・成約価格400万円超……「3%+6万円」の手数料

この手数料はあくまで「上限」です。これより低く設定することもできますが、基本的には上限いっぱいで請求する業者がほとんどだと思います。

なお、計算のもとになる物件価格は税抜きをベースとするため、算出した後の手数料に対して消費税が別途発生します。

具体例を挙げて計算してみましょう。

2300万円（建物の消費税別）のマンションの売買契約が成立したとします。マンションの価格には建物と土地の価格が存在し、その内訳が「建物2000万円（消費税別）」と「土地300万円（非課税）」のケースです。

・（消費税を除いた物件価格2000万円＋300万円）×3％＋6万円＝75万円（消費税別）

この75万円（消費税別）の手数料を物件の売主と買主、双方からもらえます。そう聞いて、「不動産屋って、めちゃくちゃ儲かるなあ！」と秘かに思った人もいるのでは？　でも現実はそれほど甘くはないのです。

仲介だけなら不動産って儲からないじゃん!?

不動産の購入には大金を必要とします。金融機関からの借り入れを望めるにせよ、そうポンポンとは買えませんし、売れるものでもありません。

ですから、売買を仲介した手数料が売主と買主、双方から数十万単位で得られても、それだけの実入りが毎日確実に入ってくるわけではないのです。

一方、会社を運営していくには維持費が必要です。売主や買主を見つけるまでの宣伝広告費や営業活動費、物件調査費などがかかります。

もろもろ勘案すると、仲介はそれほどオイシイものではない。いざ仲介から不動産業を始めたものの、現実を知り、仲介の手数料をもらっているだけでは儲からないんじゃないか、という結論にたどり着きました。

そのことに気づくまでは、苦しい経営状況が続きました。

創業からしばらく、僕の給料は社長でありながら月額3万円。お小遣いレベルですよね。また、一番古株のスタッフは約1年間給料なしで働き、会社を支えてくれました。今でもすごく感謝しています。

一番きつかったのは創業から1年経った頃。個人と法人の通帳残高合計が8万円まで落ち込んだときは、さすがに死ぬかと思いました。綱渡りでしたが、うまい具合に支払いと入金の帳尻が合ったので、一大ピンチを乗り切りました。


仲介では会社がジリ貧になるとわかれば、新たな手を打たなければなりません。何もせずにいたら、倒産もあり得たでしょう。

僕は創業当時から「勉強することや努力することを惜しまず、新しいことに挑戦する」というこだわりを持っていました。その姿勢は今も変わらず、当社の強みになっています。

このときも次の一手を模索しました。そして、仲介から不動産の買取・転売へとステップアップし、儲かる収入源を得たことで、会社は成長していきました。

不動産屋さんと魚屋さんの収益構造はとてもよく似ている

不動産業において買取・転売は、利益を生みやすいビジネスモデルです。不動産を安く買い取り、仕入れた値段より高く売れれば儲けになります。この儲けをいかに増やすかがカギ。買取・転売の仕組みと、儲けのカラクリを説明しましょう。

僕は、不動産屋さんは魚屋さんによく似ていると思っています。

みなさんはマグロを1匹買ったことはありますか？　僕はないです。でも、マグロの刺身1パックは買ったことがありますよね？　僕もあります。

魚屋さんはマグロを1匹仕入れ、それをさばき、小分けにします。1パックの刺身はその手間暇がかかった分、仕入れ金額に利益をのせて売っているのです。

不動産屋さんもこれと同じ。

たとえば300坪の土地を仕入れ、50坪、計6個に分けたとします。土地を区分けする工事の手間暇がかかった分、仕入れ金額に利益をのせて売ります。

不動産屋さんと魚屋さんの収益構造はとてもよく似ている

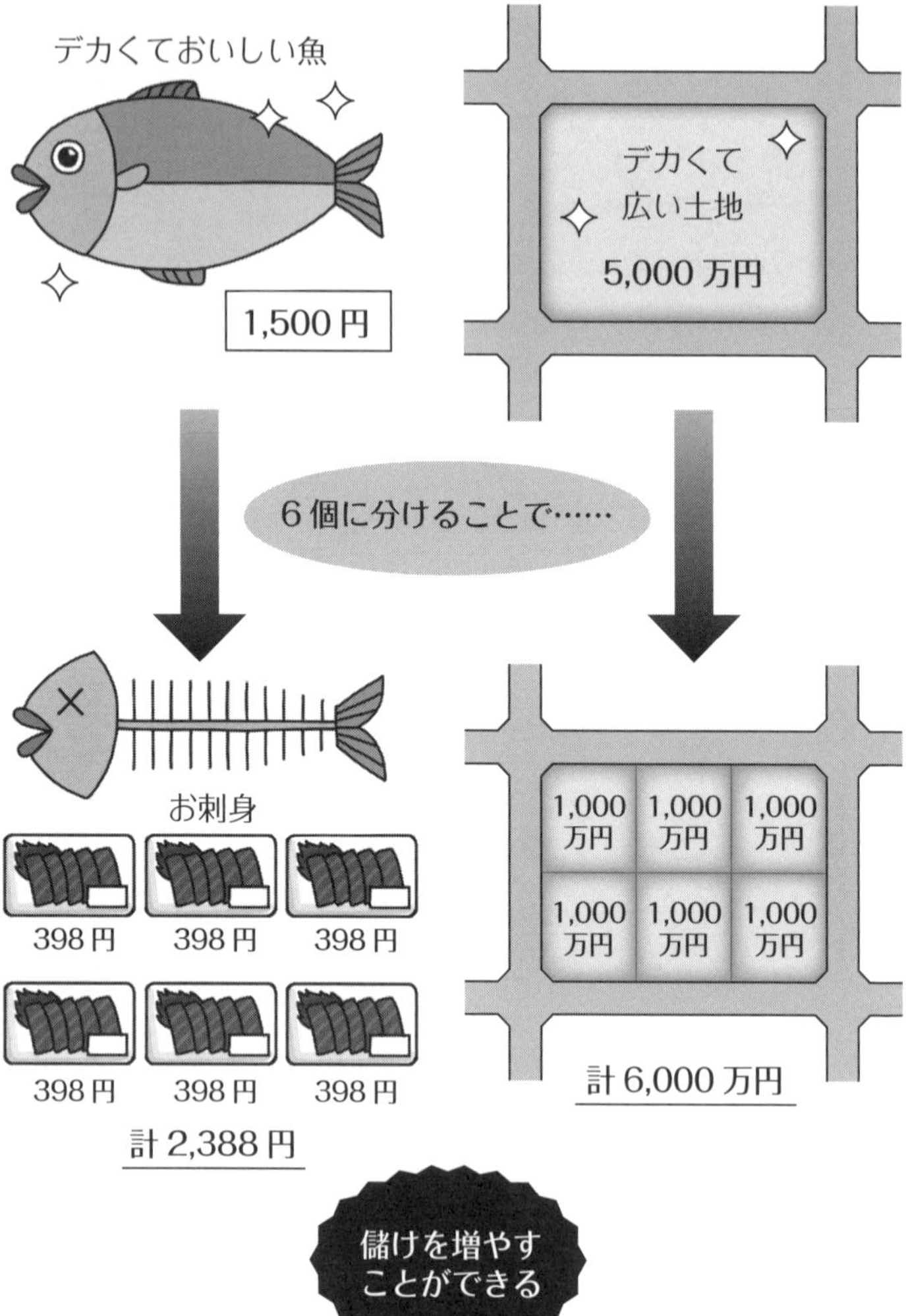

300坪の土地の仕入れ値段が5000万円だったと仮定しましょう。50坪の土地の販売価格は一区画1000万円（833万円＋利益）とします。6個全部売れたら6000万円の売り上げで、1000万円の利益になります。

要するに、魚も不動産も大きいサイズだと安価ですが、適正なサイズにすると適正な金額で売れて儲けを増やすことができる。そのような性質がビジネスモデルの根幹にあるということです。

不動産には定価がない

不動産屋さんと魚屋さんはビジネスの構造がよく似ているという話をしましたが、ただ一つ、まったく異なる点があります。

それは、**「不動産には定価がない」**という点です。

スーパーに並ぶ商品には定価がありますよね。近隣のスーパーとしのぎを削り、安売り合戦をしていますが、値段に大差はないでしょう。

マグロだって、産地が同じであったら隣のスーパーと同程度にせざるを得ません。隣のスーパーが1パック400円だったら、自分のところも同程度か398円などと少しディスカウントするレベルだと思います。

不動産にも「相場」はあります。○○市○○区だったら坪単価は○○万円くらい、といった目安は存在します。

ただし、同じ地域でも、さまざまな状況により値段は変わってくるというのが不動産の特性です。土地の形や広さ、接している道の幅、東西南北のどちら側の道路に面しているか、風通しや日当たり、近隣環境（近くに駅がある、スーパーがある、公園がある等々）などの要因がかけ合わさり、価格が見えにくくなるのです。

そのため、同じ不動産を見ても、高く判断する人もいれば、安く判断する人もいます。これが**「不動産には定価がない」**ということです。

ですから、売主は不動産の販売価格を自由に決められます。スーパーの商品や魚屋さんのマグロより利益確保が容易で、競合他社を気にせず価格設定ができます。何より、不動産はそのとき、その場所に一つしかない一点ものです。

一方、買主は以上のような売主側の事情も考慮したうえで、不動産の相場観をきちんとつかみ、土地をお値打ち価格で買うことができれば、あとは売るだけ。自分で売るのもよし、手数料を払って不動産屋さんに売ってもらうのもよしです。僕らプロでも自分で売らずに他の不動産屋さんに売ってもらうことも多々あります。

不動産ビジネスのキモ

では、不動産をどのくらい安く買い、どのくらいの値付けで売ったら、どのくらい儲かるのか。商売のキモを明かしましょう。

たとえば、相場が1000万円の土地があったとします。通常、±100万円くらいは誤差の範囲として捉えるため、900〜1100万円くらいで売買できれば、そうおかしな話ではありません。

売主は、お金が早く必要な人だったら安くても売るでしょう。逆にゆとりのある人だったらじっくり腰を据えて高く売れるのを待つでしょう。

買主のほうは、「どこでもよいから安い不動産を探している！」という人に高く売ることは難しいですが、「この土地の隣が自分の実家なので、高くても隣を譲ってほしい！」という人には高く売れる望みがあります。

売主、買主の事情によっても、±100万円くらいの誤差は生じてくるのです。

そうなると800〜1200万円の間だったら、ビジネスとして成立するように思えてきます。


想定される結果は次の4パターン。
①800万円で買って1200万円で売れたら大儲け
②800万円で買って1100万円で売れたらちょい儲け
③900万円で買って1100万円で売れたらお小遣い稼ぎ
④950万円で買って1050万円で売れたらトントン
儲けの最大は①の400万円。ここから経費を差し引いても、十分利益が残ります。最少の儲けは④の100万円。経費を差し引くと、トントンのレベルです。

不動産を自身で利用する場合は、用途や条件にマッチしたエリアの不動産を購入するしかありませんが、僕らのようなプロや個人投資家は、「利益が出るならどこでもいい！」というスタンスです。そのため、世の中に売りに出ている不動産すべてがビジネスチャンスになります。

不動産の見立てや経費を勘案して、購入か見送りかをジャッジ。最終的には購入する勇気を持てるかどうかと、決断したら現金にしろ借り入れにしろ、お金を準備できるかどうかにかかってきます。

不動産で一番儲かる成功パターン

世の中には、価値のわかりにくい不動産がたくさん存在します。その価値を見極めてビジネスに臨むことは、利益の最大化につながります。買取・転売で一番儲かるパターンに通じるのです。具体例を挙げて説明しましょう。

相場2000万円の土地があり、そこにボロ家が建っていたとします。土地を手放したいオーナーは大抵、「建物はボロボロで価値がないから、土地の相場2000万円で買ってほしい」と言います。これは価値の見誤りです。

ボロ家の価値はゼロではありません。マイナスです。ボロ家を解体するのに費用がかかるため、それを差し引く必要があるのです。

仮に解体費用200万円と見積もったら、2000万円－200万円＝1800万円。

これが土地＋ボロ家の価値になります。

ただし、前述したように不動産には定価がありません。土地の場所や状態、近隣環境などによって価値は変わり、売主や買主の事情によっても価値は変わってきます。

相場2000万円の土地と、ボロ家の解体費用200万円を加味してもらえれば、1800万円で購入できます。売主は1800万円の価値と納得したということです。

これをいかに高く売るかがポイント。

1800万円で購入した土地とボロ家は、誰にとっても1800万円の価値というわけではありません。ボロ家であっても、自分でＤＩＹをして住むのに適していると見る人もいます。その人にとってはボロ家でも300万円、400万円の価値を見込むため、土地相場2000万円をプラスした2300〜2400万円で売れる可能性が十分あるのです。仮に読みが外れて売れなかったとしても、解体費用をもらっているので、損をするということもありません。

1800万円で買ったものが2300〜2400万円で売れたら、500〜600万円の儲け。経費を差し引いても利益はかなり大きいですよね。

不動産の価値を感じない人から買い、価値を感じる人に売る。これが一番儲かります。潜在的なニーズを見逃さなければ、ビッグチャンスをつかめるのです。

子どもへのプレゼントは不動産を

僕が2008年に自己資金ほぼ0円で作った今の会社の保有資産は約10億円になりました。他の業種ではあり得ないことだと思います。

不動産は法人の資産形成だけでなく、個人の資産形成にも優れているのは周知の通りでしょう。僕は不動産が断トツで資産を賢く築けると考えています。

そんな最強手段の不動産を使い、子どもに資産を残すのも一つの方法です。先輩である40代の不動産会社社長のケースですが、勉強になるので説明します。

この社長Hさんには男女2人の子どもがいて、毎年100万円ずつを5年間贈与（暦年贈与は年間110万円まで非課税のため）し、そのお金をもとに不動産を購入しています。

現在、高校生の息子さんは約450万円の中古住宅を一つ、中学生の娘さんは約250万円の土地を所有中。息子さんは家賃収入が管理費等を差し引いて月額6万円、年額72万円あり、娘さんは地代収入が月4万円、年48万円あります。中学校、高校に通いながら、毎月一定額のお金、「不労所得」を得ているのです。

息子さんのケースでいえば、毎年100万円の贈与と家賃収入で、3年後に同程度の不動産を買い増せます。すると所有不動産二つ、月額家賃収入12万円。次の2年後には所有不動産三つ、月額家賃収入18万円。そしてその翌年には所有不動産四つ、月額家賃収入24万円、年間の不労所得は288万円となります。

息子さんが社会人になったとき、年間300万円前後の家賃収入と資産価値2000万円弱の不動産を所有していることになるというから驚きです。
毎月の家賃収入も嬉しいですが、持っている不動産を売ったら2000万円弱が入るなんて、社会人のスタートとしては上出来ですよね。お金の面だけですが、かなり優位に立てるでしょう。

先輩社長Hさんからは多くの学びを得ています。親が不動産やお金をたくさん持っているのは意味のないことで、どうせ親の方が先に死にますから、将来の相続税のことを考えると、資産は少しずつ子どもに贈与していくべきなのです。贈与の金額がわずかでも、資金をもとに購入する不動産から家賃収入を得られれば、その収入分は非課税で贈与したのと同じような効果があります。

子ども名義の定期預金を作って残している人もいますが、利回りを考えてみてください。とても賢いやり方とは言えませんよね。もっと効率良く、効果的に子どもに「ゆとり」を残したいと思っている親御さんが大半だと思います。その手段として不動産は最適と言えるのではないでしょうか。

不動産は株のように紙切れになることはありません。絶対に現物は残ります。仮想通貨のように歴史は浅くなく、いにしえの時代より、人は大地に立ち、生活しています。

不動産を使った次世代への資産の残し方。ぜひ参考にしてください。

COLUMN

すべての不動産は資産と言えるのか?

ほとんどの人は人生の中で一度や二度は不動産の売買を経験します。逆に言うと一度や二度しか経験しない人がほとんどです。そのため、不動産取引を身近に感じることができず、臆病になる人が少なくありません。非常に残念なことです。僕は不動産取引がもっと皆さんの身近なものになってほしいと考えています。僕のところに相談に来るお客様にはいろんな人がいますが、不動産取引を通じて幸せになってほしいのです。

不動産には人を幸せにする力があります。でも、使い方を知らないと不幸を招いてしまう場合もあるのです。

僕には何の取り柄も特技もありませんが、ありがたいことに不動産業界に身を置き、多くの案件に携わらせていただいたおかげで、不動産の特性を最近ようやく理解できたような気がします。その知識を提供することで、僕の身近な人や知り合った人には不動産を通じて幸せになってほしいといつも考えていますし、そうお伝えするようにしています。この本を読んでいただいた方が少しでも不動産取引に興味を持ってくだされば、それほど嬉しいことはありません。

世の中には先祖代々の土地をたくさん持っている人がいます。不動産を持っていない一般の人と比べると、裕福な場合が多いものです。でも、不動産をたくさん所有していることが災いして、苦しんでいる人がたくさんいるのもまた事実です。

不動産は資産であるというのが一般論です。でも、僕の考えはちょっと違います。不動産は、自分で利用したり、何かを生産したり、人に貸して賃料を得たりして初めて資産になります。逆に、不動産をたくさん所有していても、自身で利用しておらず、何も生産することもなく、人に貸すこともない不動産は資産とは言えません。これはもう負債なのです。

たとえば、
・自分で利用しているわけではないので役に立っていません。
・何か作物が育つわけでもありません。
・人に貸すことによって賃料を得ているわけでもありません。
・固定資産税は毎年かかります。
・空地には雑草が生えるので、その処分には大変な労力とお金がかかります。
・空家や荒地にはゴミを投げ込まれるリスクや火災のリスクもあります。

いかがですか？　何も生み出すこともなく、労力とお金がかかっていることがわかりますよね？　資産ではなく、確実に負債になっていくパターンです。このようなケースに陥っている人は、早急に不動産を処分して負債部分を減らし、現金を増やす措置を講じるか、所有する不動産でお金を生み出す方法を考えないといけません。

自身の不動産が資産なのか負債なのかを判断することができず、負債状態で何年も不動産を保有し続け、最後の最後で本当に困って不動産の売却を検討する人がいます。そういったことのないように、不動産をたくさん持っている人は、資産か負債かを冷静に見極めていただきたいと思います。

第2章

借りて使う！【賃貸不動産の考え方】

賃貸物件はとにかく立地で選ぼう!

多くの人が最初に不動産との関わりを持つのは、一人暮らしに踏み出す際の賃貸アパート&マンション探しでしょう。その後も、転勤による新たな地への引越しや、結婚や子どもの誕生での住み替えなど、賃貸の部屋探しをする機会は数多くめぐってきます。

「心地良い空間に身を置き、快適な賃貸生活を送りたい!」。誰しもそう考えると思います。しかし、いざ住み始めたら求めていたものとは正反対だったというケースは少なくありません。そんな事態は絶対に避けたいものです。

本章では、大満足の賃貸ライフにつながる部屋探しのコツや、賃貸物件との向き合い方などを詳しく解説していきます。

賃貸物件を選ぶとき、みなさんは何を基準にしますか? 家賃、間取り、エリア、周辺環境など、さまざまな条件が浮かぶと思います。

では、その中で何を一番重要視すればいいのか?

僕の考えはズバリ、**「立地」**。通勤や生活に便利かどうかです。逆に、こだわり過ぎると失敗を招きやすいのが「家賃」などお金の面。

最寄り駅と部屋の広さが同じ二つの物件を例に説明しましょう。

- A物件　駅から徒歩5分、家賃7万円
- B物件　駅から徒歩15分、家賃6万8000円

AとBの物件は駅からの距離が異なり、それによって徒歩で往復する時間と家賃に差が出ています。さて、どっちを選びますか？

家賃を重要視している人は、家賃が2000円安いB物件を選ぶでしょう。A物件より片道10分、往復20分の時間を多く費やしたとしても、2000円安いのだからB物件を選んだほうが得と判断したものと推測します。

ただ、ここで考えなければならないのは、その20分を費やすのは1日ではないということです。会社に通勤するなら月22日（週休2日の場合）で440分、年間264日では5280分。88時間（3・66日）もの時間を費やすことになるのです。

タイム・イズ・マネーと言われますが、月２０００円を支払わずにすむことが、１日20分、月４４０分、年88時間を費やす価値とイコールかどうかを考えてみてください。僕ならイコールとは思いません。

それだけの時間があれば、恋人や家族ともっと長く過ごせたり、もっと睡眠をとれるなど、幸福度は増します。金銭では計れないものですが、２０００円以上の価値があるのに、B物件を選んだら２０００円で良しとしているのと同じです。

お金ばかりに目を奪われると、このような失敗を招きます。時間をコストと捉え、そのコストを正しく計算できていないわけです。

立地を重要視している人は、家賃が２０００円高くてもA物件を選ぶでしょう。前述したのとは反対の論理で、月２０００円多く支払っても、１日20分、月４４０分、年88時間を費やさずにすむほうが得という判断です。僕はこれに賛同。それだけの時間を２０００円で買えるなんて断然得ですからね。

もっと言えば、立地を第一に考えてA物件に決めたら、そこから家賃交渉するのが賢いやり方です。「すごく気に入ったので絶対契約します。その代わり、家賃を少し下げてもらえたら嬉しいのですが……」などともちかけてみる。必ず通るというわけではありませんが、言って通ればラッキー。アクセスの良い立地に満足し、コストパフォーマンスもさらに良くなるわけです。

あなたの人件費は、あなたが思っている以上に高い価値があるものですよ。自ら価値を下げないでください！

事故物件は掘り出し物!?

賃貸物件に限りませんが、物件の中には「事故物件」と呼ばれるものがあります。事故物件とは、自殺や他殺、孤独死で長期間放置されていたなど、人が亡くなった物件を意味します。新たな生活拠点として、死の現場に住むことを望む人は少数派でしょう。多くの人は「事故物件は避けたい」と考えるはずです。

賃貸を仲介する不動産会社が事故物件かどうか事前に教えてくれるなら、そのような心配をする必要はありません。でも、教えてくれないとしたら……。真相を解明していきましょう。

事故物件は「心理的瑕疵《かし》のある物件」として扱われます。瑕疵とは欠陥のこと。借主が「住みたくない」と思うような心理的瑕疵のある物件については、法律上、貸主および不動産仲介業者は告知を行う義務があります。つまり、「この部屋は事故物件ですよ」と伝えなければいけないのです。仮にその事実を説明しなかったら、借主から損害賠償請求されるリスクを伴います。

ただ、告知義務には明確な規定がありません。自殺等の事故後、物件に住む人はどんどん入れ替わっていきます。いつまで事故の告知をすればいいのか。「〇年経てば告知義務はなし」といった規定がないのです。

そのため、何か揉め事が起きたら裁判に発展する可能性もあります。過去の判例では、自殺が起きた賃貸物件で、最初の入居者には説明義務があるものの、その入居者が退去した後の次の入居者には説明義務がないことを認めています（東京地裁平成19年8月10日判決）。

この判例を受けて、「事故物件であっても一度誰か住めば、次の入居者には告知しなくてもよい」と考え、実際にそうしている不動産会社も少なからずあります。となると、回避するのは難しくなるでしょう。

いずれにしろ、事前確認することです。少しでも何か不安要素を感じたら、担当者に「事故物件ではないですよね？」などと単刀直入に聞いてみましょう。そこで相手から「違います」という言質を得られればひと安心。言い淀んだりしたら、怪しいかもしれません。

ちなみに、自ら好んで事故物件に住む人もいます。みんなに敬遠される事故物件は、入居者を募るために家賃が相場より激安に設定されているケースが多々あります。そこを狙っているわけです。

少数派だと思いますが、「自殺はちょっと嫌だけど、病死なら気にならない」という人がいたり、「どんな死に方でも一切気にしない」という人もいるもの。そういった人にとっては、家賃が低めに設定されていることが多い事故物件はむしろお得かもしれませんね。

また、事前に事故物件かどうかを確認する手段として、「大島てる」というホームページがあります。大島氏とは一緒に講演をさせていただいたこともありますが、大変頭の良い方で、事故物件の場所を取りまとめたサイトを運営されています。ぜひ一度のぞいてみてください（http://www.oshimaland.co.jp/）。

寒がり、暑がりの人は、3階建てなら2階の真ん中の部屋が狙い目？

1階に住むか、2階以上に住むか。角部屋に住むか、中部屋に住むか。賃貸物件選びで悩む問題の一つです。当然、住む人の好みによっても変わってきます。

3階建てアパートを例に、どの部屋に住むのがベストなのか、メリット、デメリットを踏まえて解説していきましょう。ただし、これは僕の個人的見解であって、一般論ではないことをお断りしておきます。

まずは階から。1階、2階、3階（最上階）を、「家賃」「眺望」「防犯」「音」「温度」「採光」「通風」、これらの切り口で判定します。

家賃を比較すると、同じ間取りであっても、1階より2階、2階より3階のほうが高い設定です。階数が上がるほど物件の人気が高く、その分家賃も上がるというのが一般的だからです（庭がある場合は、２階より１階のほうが高い場合もあります）。

眺望や防犯は、１階より２階、２階より３階のほうが勝ります。１階より３階のほうがベランダからの眺めはいいですし、１階より３階のほうが泥棒に入られるリスクは低いですよね。

音は、１階だと自分の足音や物音などに気を遣わなくてすみます。３階も階下に住む人に足音や物音などに気を遣わなければなりませんが、最上階なら階上からの騒音に悩まされなくてすみます。対して２階はきつい。階上からの騒音があり、階下には足音や物音など気を遣うことになるのです。

温度は、１階だと夏は涼しくてすごしやすい一方、冬は寒くて床がフローリングだと底冷えします。その逆が３階。最上階だと夏は天井や屋上からの熱で非常に暑く、冷房効率が悪いのです。２階はその中間といったところでしょう。

次に部屋。角部屋と中部屋を、先と同じ項目を中心に判定します。

家賃を比較すると、中部屋より角部屋のほうが高い設定です。人気が高い、希少性、窓が多い分だけ施工費がかかる、といった理由で角部屋の家賃は高くなります。

採光は、当然ながら角部屋が有利ですよね。窓が多いので光がたくさん入り、開放感もあって、日当たりも風通しもいいでしょう。中部屋は正反対。眺望、日当たりの良さはあまり望めず、窓が少ないので通気性が悪いのは否めません。

音に関しては、角部屋のほうが不利になります。外に面している部分が多いため、車の騒音などが気になるケースも。一方、中部屋は外に面している部分が少ないため、外部からの騒音に悩まされるリスクは低くなります（ただし、上下左右の部屋からの騒音の可能性はあります）。

温度は、音と同じく外に面している部分が多い角部屋は不利。外気の影響を受けやすく、夏は暑くて、冬は寒いという傾向があります。中部屋だと両隣を部屋に囲まれて通気性が悪い分、エアコンなどの冷暖房が効きやすく、光熱費の節約につながるのも利点です。

以上を踏まえ、僕が考えるベスト賃貸は、「2階の中部屋で、夏冬はエアコンをバッチリ効かせて住まう！」です。一般的には、人気のない部屋に該当します。でも、コストや快適性などを総合的に判断すると、2階の中部屋が一番と言えます。

家賃はそこそこ安く、外からの騒音リスクが低い。夏は暑くなりすぎず、冬は寒くなり

3階建てなら2階の真ん中の部屋が狙い目？

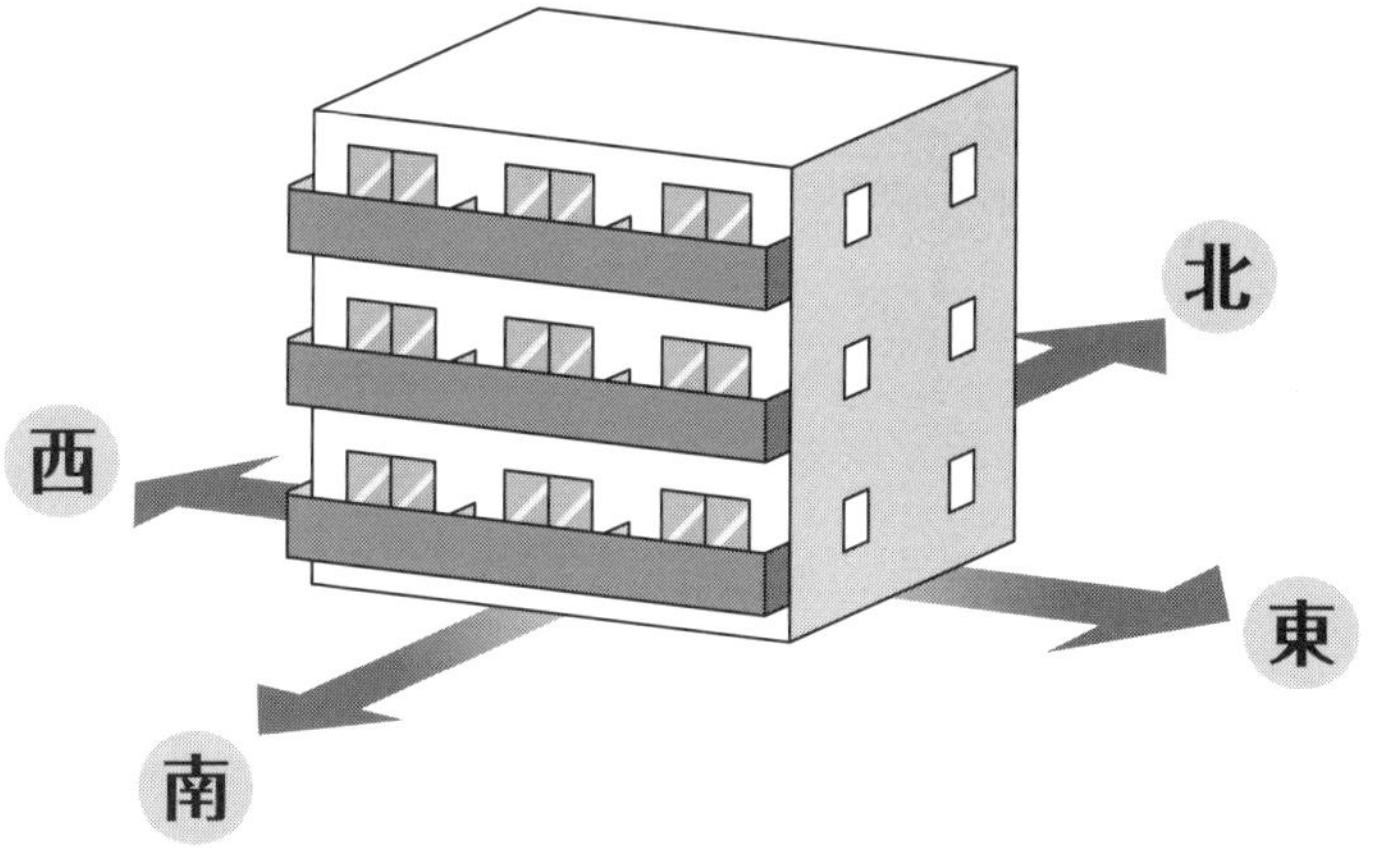

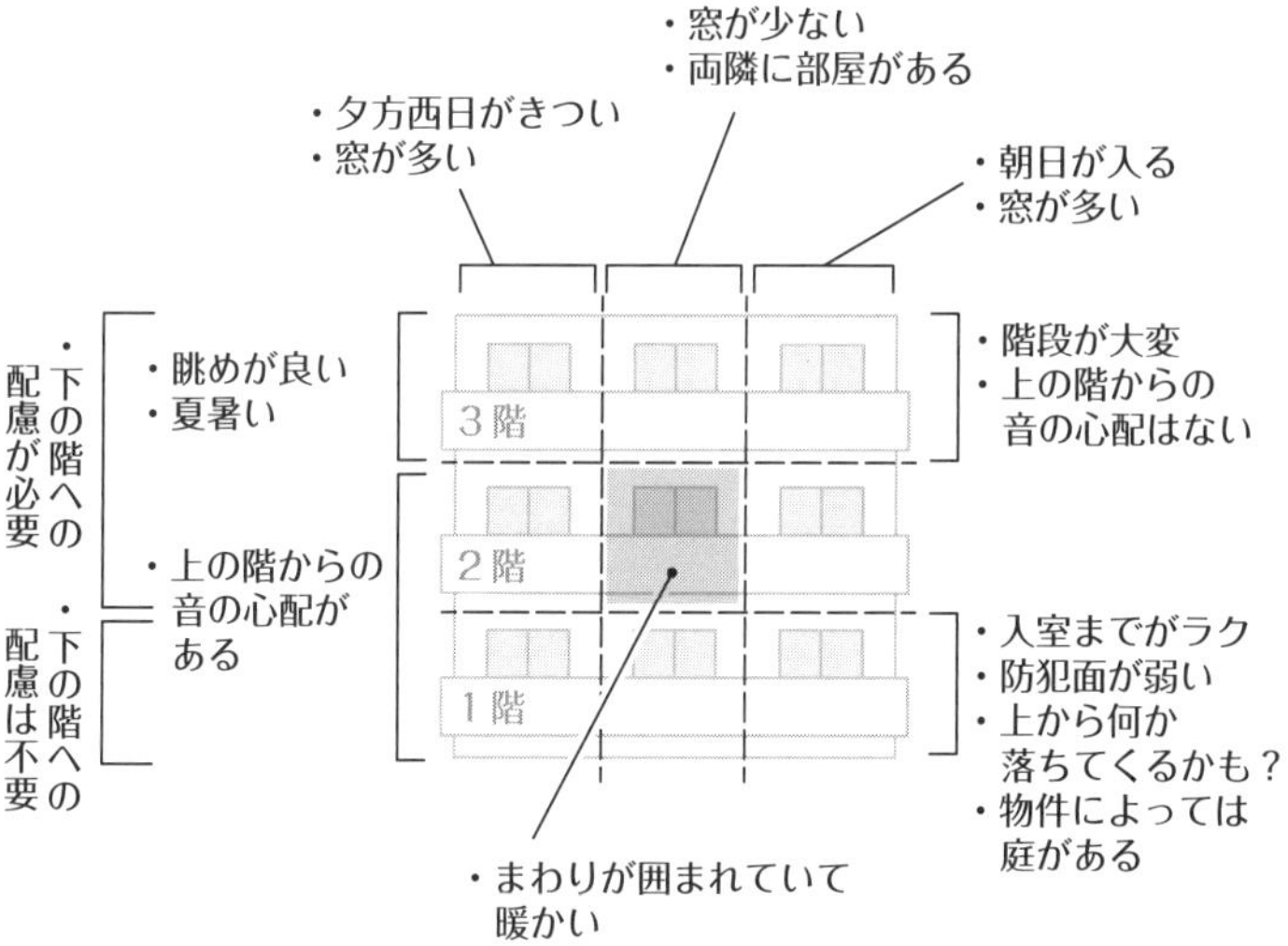

すぎず、冷暖房が効いて光熱費の節約を実現。難点として階下に足音などで気を遣い、階上の騒音が気になるものの、そこを許容できれば文句なし。眺望は最低限で良く、暑がりや寒がりの人にはとくにおススメです。

一人暮らしに南向きは重要？

部屋の方角について考えてみましょう。東・西・南・北。「選ぶ方角は？」と聞かれたら、「南向き」と答える人が多いと思います。実際、賃貸市場ではベランダやバルコニーが南向きの部屋の人気は断トツで高いです。

なぜか。みなさんご存じのように、日中の日当たりがいいからですよね。南向きの部屋は、昼間に長時間日が差し込むため、照明をつける必要がなかったり、冬場でも暖房がいらなかったりして光熱費を節約できます。また、洗濯物が乾きやすいのも利点です。

ただその分、家賃は他の方角の部屋に比べて高い設定になります。物件によって異なりますが、平均すると、南向きの部屋のほうが5000円から1万円前後高くなります。

問題は費用対効果です。家賃が高くても、前述したメリットを十分享受できるなら価値ありと言えますが、できなければお金のムダになりかねません。そこを見極めて判断する必要があるでしょう。

要注意なのは一人暮らしのケースです。一人暮らしだと、仕事をしている日中は、部屋に誰もいないことになります。南向きの部屋に住んだとして、留守のあいだ、部屋が明るかったり、暖かくても、意味のないことですよね。得られるメリットは、洗濯物が乾きやすいことくらい。また猛暑の時期は夜になっても部屋の温度が下がらず、エアコン代が高くなることもあります。こうなると、高い家賃に到底見合いません。

一人暮らしの場合、南向きの部屋にこだわらなくてもいいのでは……というのが僕の考えです。南向き以外の方角の部屋を比較検討すればいいと思います。

ちなみに、東向き・西向き・北向きそれぞれの部屋の特徴を簡単に解説します。

東向きは、朝方の日当たりが良好。朝型の生活スタイルの人に適しています。朝から午前中にかけて日の光が入るので、その間、部屋は比較的暖かです。早い時間帯に洗濯物を干すようにすれば乾きやすいでしょう。

西向きは、夕方の日当たりが良好。朝日が差し込まないので、夜型タイプの人に適しています。午後の日差しが強く、西日によって夕方以降も部屋は明るく、比較的暖かです。帰宅して洗濯物を干せば乾きやすいでしょう。

北向きは、日当たりは望めません。ただ、まったく当たらない部屋はまれで、多少の光は差し込みます。日当たりにこだわらない人なら不満に感じないはず。

また、北向きの部屋は不人気から家賃を割安に設定していることもあるため、それを狙うのも手です。洗濯物は乾きにくいですが、いつも部屋干しや浴室乾燥機を利用する人であれば支障はないかもしれません。

物件の内覧では、コンセント、テレビ、電話の位置を確認する

物件の内覧は極めて重要です。

では、内覧の際、何をチェックすればいいのか。日当たり、広さ、部屋数、設備、収納、内装の汚れやキズなど、チェックしなければならないところは山のようにあります。

そんな中で意外と見落としがちなのが、コンセントとテレビや電話の端子や建具の位置。

これを見逃して賃貸契約すると、生活しづらい部屋に我慢して住まなければいけないことになりかねないので、絶対にチェックしておくべきです。

コンセントの位置によっては、思い通りに家具や家電を配置できないことが往々にしてあります。「ここに家具を置いたらコンセントが使えなくなる」「この部屋はコンセントがないから家電を使えない」といったケースです。

そんな事態を避けるためには、現場でコンセントの位置を確認したら、まずは間取り図に書き込んでおくこと。帰宅後、部屋の広さとコンセントの位置を踏まえ、家具や家電が希望通り配置できるかシミュレーションしてみればいいでしょう。

もしくは、内覧前に手持ちの家具や家電のサイズを測っておき、現場にはメジャーを持参して、コンセントの位置から希望の配置が可能か確認するというのも手です。

テレビや電話の端子も考え方は同じです。ただテレビや電話の場合、端子の位置によって有無を言わせず配置が決まってしまいます。「ここに薄型の大型テレビを置いたら、ソファーが置けなくなってしまう」などとなったら、コンセント以上に制限されるわけです。

内覧ではテレビ・コンセント・電話の位置を確認する

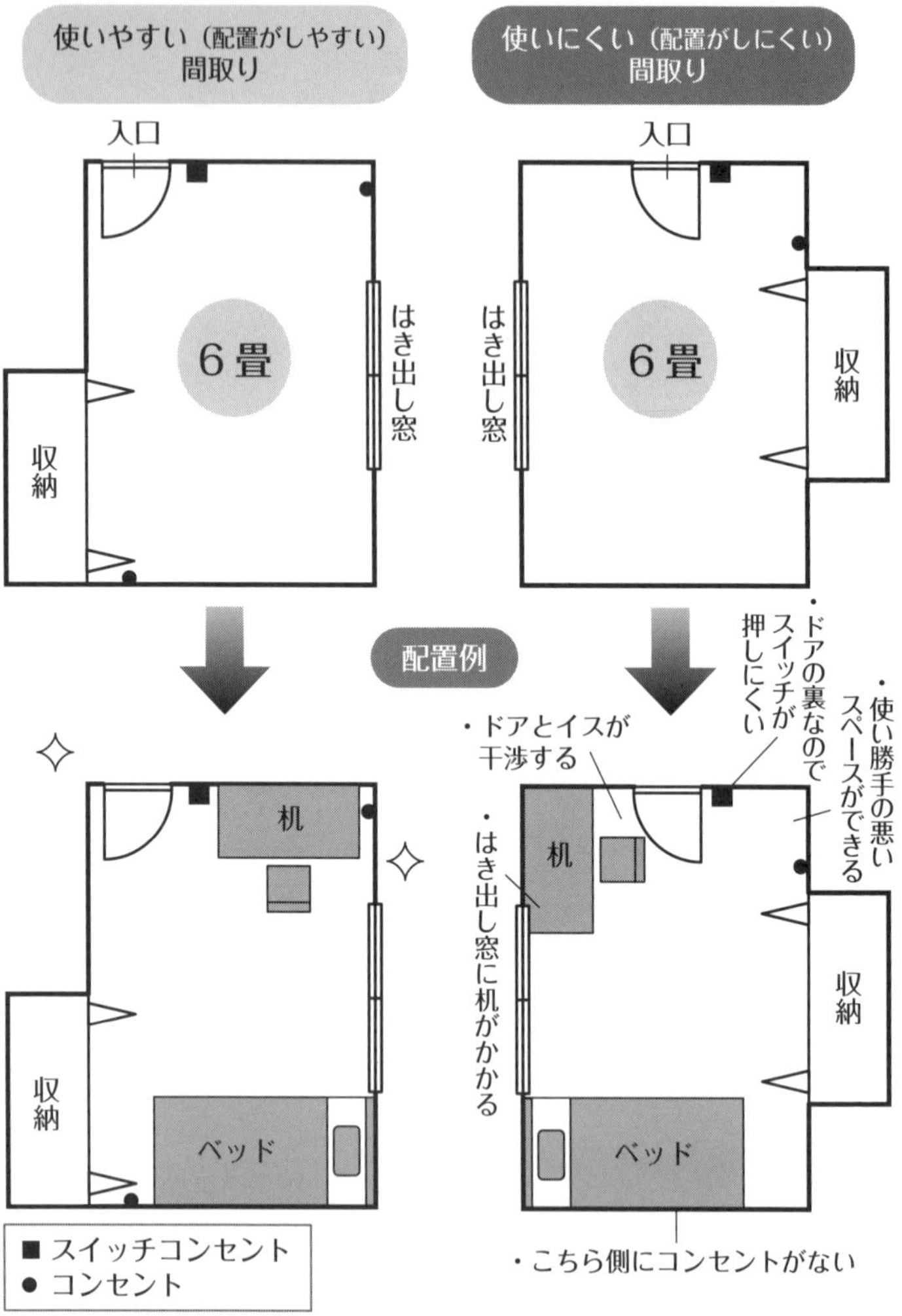

同じ６畳でもこんなに使い勝手が違う！

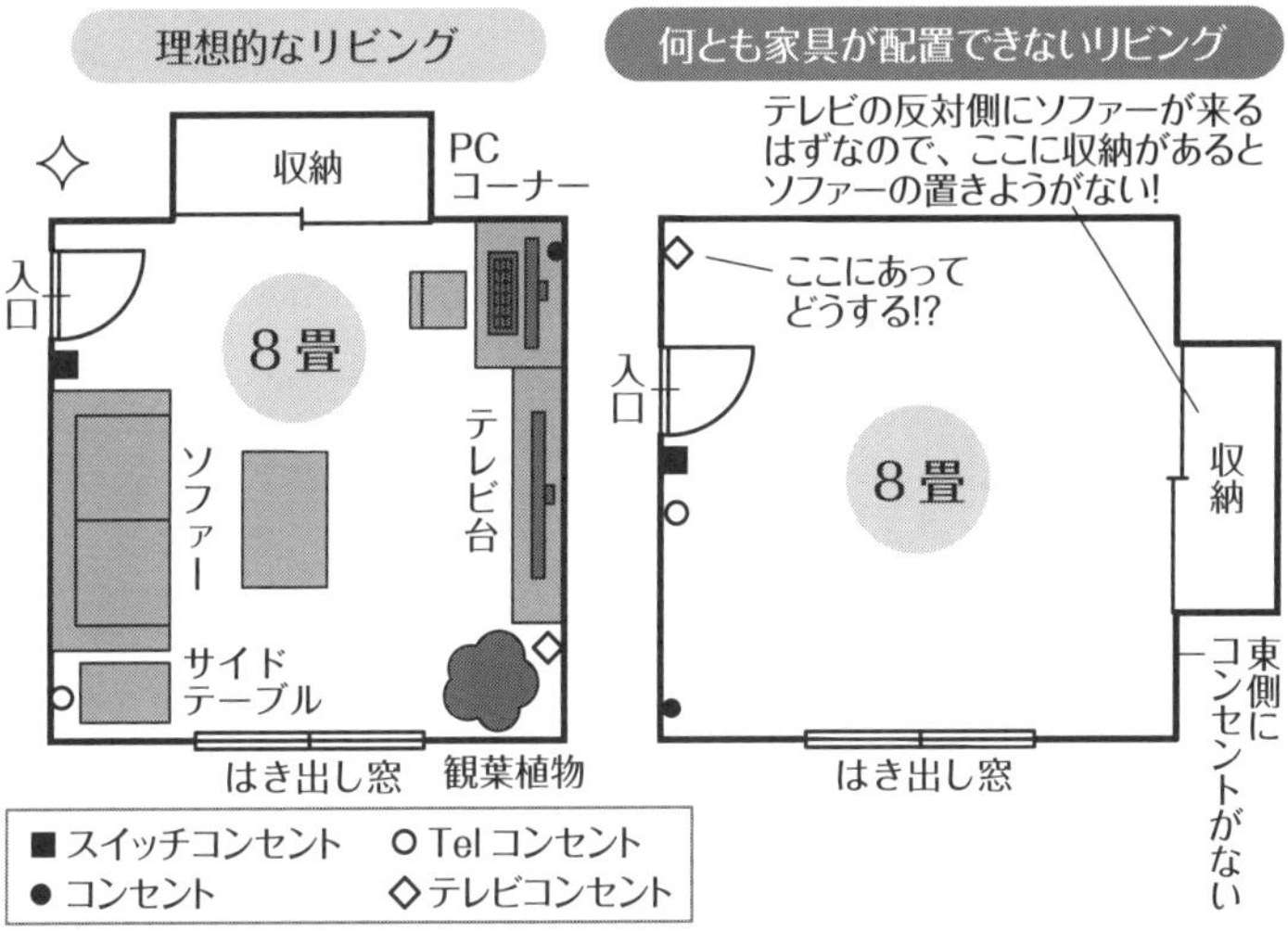

こちらも事前のシミュレーションや現場での検証が欠かせません。

部屋の広さだけを見て、「これだけ広いんだから、家具や家電を自由に置ける」などと早合点しないことです。コンセントやテレビ端子などの位置によっては、広くても配置の自由がきかない部屋が少なからずあります。くれぐれも、広さだけで判断しないようにしてください。

物件の「夜の顔」も見に行こう

物件見学の話をもう一つ。見学に行くのは、大抵、昼間だと思います。ただ、実際その物件を借りて生活するのは、昼間だけではありませんよね。人間と同じように、不動産にも昼の顔と夜の顔があるのです（笑）。ですので、気になる物件を絞り込んだら、昼間に加えて、「夜の顔」もチェックするようにしましょう。夕方以降に現地に足を運び、物件の住環境や周辺環境を体感するということです。

昼と夜では、物件周辺や街の雰囲気が異なるケースもあります。たとえば、昼間に物件に行ったときは静かだったのに、夜に行ったら騒々しく、音が気になった。周辺を歩いたら居酒屋が多かったとか。繁華街に近い物件だと昼間は静かでも、店が営業開始して夜になるにしたがいうるさくなるのです。

逆に、昼間は物件周辺が賑わっていたのに、夜になったら人通りが少なく、寂しさを感じることも。

このように1日の中でも、時間帯によって物件の顔は変わります。

最寄り駅から物件まで、昼と夜、同じ道を歩いてみることも大切です。夜歩いたら意外と街灯が少なかったとなれば、女性は要注意となります。

また、可能であれば朝の顔や、平日と休日の違いも押さえたいところ。朝は通勤で駅がどれだけ混雑するかを調べてみたり、平日と休日の車の通りや人の動きを観察するなどしてみてください。

昼と夜の顔をチェックして納得して物件を借りれば、後悔することはないでしょう。それをしないと、いざ住み始めてから「昼間に物件を見て気に入ったのに、雰囲気が違った」ということになりかねません。

多少の手間を惜しまないことが、快適な賃貸生活につながるのです。

家賃は交渉してもよい

第1章で、「不動産には定価がない」という話をしました。これは、家賃にも当てはまります。家賃にも定価はありません。

もちろん、相場はあります。たとえば、名古屋市の賃貸ワンルームの家賃相場が5万円だったとしましょう。同エリアのワンルームの家賃はだいたい5万円。ただ定価ではないため、物件によって金額は違ってきます。

定価がないものは、交渉したら値下げしてもらえる可能性があるということです。青果店に並ぶ大根や白菜などの野菜も、店主と交渉してＯＫなら、50円引きや１００円引きしてもらえますよね。家賃も同じ。

賃貸の家賃を決めるのは物件を所有するオーナー（いわゆる大家さん）です。オーナーから依頼を受け、入居者募集などを担うのが不動産会社の役割。その際、「家賃は相場より安くしてもいいから、早く入居者を入れてほしい」と話すオーナーもいます。

ですから、気に入った物件があって、家賃の高さがネックになっていたとしても、そこであきらめないこと。不動産会社の営業マンを通じて「少し家賃を下げてもらえませんか？」と交渉してみればいいのです。

家賃値下げの交渉の余地はあっても、当然ながらすべてＯＫしてもらえるわけではありません。オーナー次第となりますが、そこには時期も関係してきます。

就職や転職、就学などで新居を探す人が多い１～４月は賃貸不動産の繁忙期。この時期は入居者確保が容易なので、家賃値下げは難しいと思います。逆に借り手をつけられなかった5月以降なら、受け入れられる可能性もあるでしょう。

「敷金・礼金なし」の物件はお得なのか⁉

部屋を借りる際には、初期費用として敷金や礼金がかかります。たとえば、家賃が6万円、敷金1ヵ月分、礼金1ヵ月分の物件なら、仲介手数料、前家賃がそれぞれ1ヵ月分加わり、トータル約24万円。賃貸物件の多くは、最初に家賃4〜5ヵ月分の資金を必要とします。

そんな中で、「敷金なし、礼金なし」という物件があったら、目を引くでしょう。先の条件で言えば、最初に必要なお金は仲介手数料、前家賃のトータル約2ヵ月分のみ。初期費用が大幅に安くなるのです。とは言っても、「敷金・礼金なしの物件って、どうなの？選んで大丈夫なの？」と不安に感じる人が多いのではないでしょうか。

結論から言うと、すべての物件が該当するわけではないですが、安かろう悪かろうは否めず、マイナス要素を抱えるものが多いと思います。想定される問題点をいくつか挙げてみましょう。

1　人気がない

最寄り駅から遠い、日当たりが悪い、建物がオンボロなど、何らかのデメリットがあって借り手がつかない。人気がないがゆえに、敷金・礼金をなしとしている。

2　入居時に別途費用がかかる

ハウスクリーニング料金、消毒代、メンテナンス費用などの名目で、入居時に別途費用がかかる。物件情報の備考欄に小さな字で書かれているケースもある。

3　退去時のコストが高い

契約時に敷金を入れていませんので、退去の時の原状回復費用は、それなりの覚悟が必要です。

4　そもそもの家賃の設定が高い

初期費用を抑えた分、家賃を実際より少し高めに設定してある場合もあります。

敷金・礼金なしの物件を検討する場合は、十分吟味する必要があります。ここで紹介したマイナス要素が見当たらない、もしくはマイナス要素があっても許容できるのなら、掘り出し物と言ってもいいかもしれません。

借りている部屋は決してあなたのものではありません

アパートやマンションの賃貸借契約は2年が一般的です。中途解約したり、更新しなかったら契約は終了し、退去しなければなりません。その際、原状回復をめぐるトラブルが多いことはみなさんご存じでしょう。

賃貸物件を借りた人は退去時、原状回復する義務が生じます。自ら費用を負担して、元通りにする責任を負います。

と言っても、物件を借りた当時の状態に戻すのではありません。

国土交通省がまとめた「原状回復をめぐるトラブルとガイドライン」では、原状回復を次のように定義しています。

・「賃借人の居住、使用により発生した建物価値の減少のうち、賃借人の故意・過失、善管注意義務違反、その他通常の使用を超えるような使用による損耗《そんもう》・毀損《きそん》を復旧すること」

部屋を借りて普通に生活していても、時とともに室内が汚れたり、設備が壊れたりするものです。

そういった通常の使用で建物の価値が減少した分は、借主に原状回復義務は生じません。借主に原状回復義務が生じるのは、自らの故意や過失、善管注意義務違反および通常の使用を超えるような使用による汚れやキズなどであることを示しています。

ただ、原状回復の際に、通常の使用による汚れや経年劣化などを判断するのは難しいですよね。借主の責任の範囲が曖昧だと、トラブルを招きます。設備の故障などで思いもよらぬ高額請求をされ、納得できなくて争いになるといったパターンです。

そのような状況を受けて、64～65ページで紹介するような、借主負担になるかどうかの基準ができたのです。

たとえば、日照などによる壁紙や畳の変色は、通常使用の消耗で借主の負担にはならないと考えられます。一方で飲食物をこぼしたことによるカビやシミは、善管注意義務違反に該当して借主負担になると考えられます。
　こういった基準を知っておけば、トラブルは避けられるでしょう。

　賃貸借契約を結んだ入居者は、部屋を借りる権利を得ると同時に、管理する義務も生じることを肝に銘じなければなりません。たとえば、冬場に部屋の暖房を使っていると、窓に結露が発生しますよね。これを雑巾などで拭かずに放置し、窓枠の木の部分にカビが生えてしまったら、借主が管理義務を怠ったことになります。原状回復の際には借主の負担で修復を余儀なくされるわけです。

　なお、民法が120年ぶりに大改正されて2017年6月に公布され、2020年4月1日から施行されます。この大改正では賃貸借契約に関わる点もあり、原状回復義務の範囲について、通常の使用で生じた物件の損耗や経年劣化は、借主が責任を負わないことが改めて明文化されました。

・「賃借人は、賃借物を受け取った後にこれに生じた損傷（通常の使用及び収益によって

貸主・借主の負担区分の基本的な考え方

貸主負担：「経年変化」「通常損耗」

借主負担：「借主の故意・過失や通常の使用方法に反する使用など、借主の責任によって生じた損耗やキズなど」「故障や不具合を放置したり、手入れを怠ったことが原因で、発生・拡大した損耗やキズなど」

以下の負担区分は一般的な例示であり、損耗等の程度によっては異なる場合があります。

■鍵

- 鍵の取替え（破損、紛失のない場合）＝**貸主負担**
- 鍵の破損（不適切使用）、紛失による取替え＝**借主負担**

■設備

- 日常の不適切な手入れもしくは用法違反による設備の毀損（善管注意義務違反）＝**借主負担**
- 設備機器の破損、使用不能（機器の耐用年数到来のもの）（経年劣化による自然損耗）＝**貸主負担**
- 浴槽・風呂釜等の取替え（破損等はしていないが、次の入居者確保のために行うもの）＝**貸主負担**

■水回り

- 風呂、トイレ、洗面台の水垢、カビ等（使用期間中の清掃や手入れを怠った結果、汚損が生じた場合）（善管注意義務違反）＝**借主負担**
- トイレの消毒＝**貸主負担**
- 台所の消毒＝**貸主負担**
- ガスコンロ置き場、換気扇の油汚れ、スス（手入れを怠ったことによるもの）（善管注意義務違反）＝**借主負担**

■建具

- 飼育ペットによる柱等のキズや臭い（善管注意義務違反）＝**借主負担**
- ペットの飼育が禁じられている場合の前項＝**借主負担**（用法違反）
- 網入りガラスの亀裂（構造により自然発生したもの）＝**貸主負担**
- 地震で破損したガラス（自然災害）＝**貸主負担**
- 網戸の張り替え（破損等はしていないが、次の入居者確保のために行うもの）＝**貸主負担**

■壁（クロス）

- クロスの変色（日照など自然現象によるもの）（通常損耗）＝**貸主負担**
- タバコのヤニ
  ①喫煙等によるヤニでの変色や臭いの付着で、通常の使用による汚損を超えると判断される場合＝**借主負担**
  ②喫煙が禁じられている場合＝**借主負担**（用法違反）
- 画鋲、ピン等の穴（下地ボードの張り替えは不要な程度）（通常損耗）＝**貸主負担**
- くぎ穴、ネジ穴（下地ボードの張り替えが必要な程度）（通常の使用を超える）＝**借主負担**
- 結露を放置したことにより拡大したカビ、シミ（通常の使用を超える）＝**借主負担**
- 台所の油汚れ（使用後の手入れが悪くススや油が付着している場合）（通常の使用を超える）＝**借主負担**
- クーラー（借主所有）から水漏れし、放置したため壁が腐食（善管注意義務違反）＝**借主負担**
- 壁に貼ったポスターや絵画の跡（通常損耗）＝**貸主負担**
- クーラー（貸主所有）から水漏れし、借主が放置したため壁が腐食（通常の使用を超える）＝**借主負担**

■**居室全体**

・ハウスクリーニング（専門業者による）（借主が通常の清掃を実施している場合）＝**貸主負担**

■**床**

・日照等による変色（通常損耗）＝**貸主負担**

・引越作業等で生じたひっかきキズ（善管注意義務違反・過失）＝**借主負担**

・冷蔵庫下のサビ跡（サビを放置したことによるもの）（善管注意義務違反）＝ **借主負担**

■**床（畳）**

・裏返し、表替え（特に破損等していないが、次の入居者確保のために行うもの）＝**貸主負担**

■**床（フローリング）**

・フローリングのワックスがけ＝**貸主負担**

・色落ち（借主の不注意で雨が吹き込んだことなどによるもの）（善管注意義務違反）＝**借主負担**

■**床（カーペット）**

・家具の設置による床、カーペット等のへこみ、設置跡（通常損耗）＝**貸主負担**

・飲み物等をこぼしたことによるシミ、カビ（手入れ不足等で生じたもの）（善管注意義務違反）＝ **借主負担**

■**天井**

・照明取付用金具のない天井に直接つけた照明器具の跡（通常の使用を超える）＝ **借主負担**

「賃貸住宅紛争防止条例&賃貸住宅トラブル防止ガイドライン（2018年改訂版）」（東京都都市整備局）より

生じた賃借物の損耗並びに賃借物の経年変化を除く。以下この条において同じ。）がある場合において、賃貸借が終了したときは、その損傷を原状に復する義務を負う。ただし、その損傷が賃借人の責めに帰することができない事由によるものであるときは、この限りでない」（改正民法 第621条）

これまではガイドラインに過ぎなかったものが、今後は法的なルールとして明確に定められることになるのです。

家賃が払えなくなると、その後こうなる

アパートやマンションに入居したら、家賃を毎月払うのは当たり前のこと。家賃の滞納や不払いは許されません。では、家賃の滞納や不払いをしたら、どのような末路が待っているのか。僕が所有する商業テナントビルで実際に起きた驚愕の事例を紹介しましょう。

そのビルは、知り合いの不動産会社社長Aさんから話を持ちかけられて購入しました。当時テナントが5軒入っていて、価格は約5000万円。問題を抱えている物件だとはまったく感じませんでした。

「新しく大家になったので、テナントさんに挨拶しておこう」。そう思い、5軒のうち3軒のテナントをまとめて借りていた会社社長Bさんの元を訪問したのが事の始まりです。

B社長は若く、イケイケどんどん風。美容室に自社製造したシャンプーなどを卸す事業を展開していました。僕の挨拶を聞き流し、邪険に扱う態度の悪さが強く印象に残っています。このB社長が家賃の滞納と不払いを起こしたのです。

家賃は3軒のテナント合計で22万7000円。なんと僕が大家になった初月から、1円も入金されませんでした。2ヵ月、3ヵ月と待っても、入金は一切ない。さすがにこれはおかしいと思い、家賃の催促をします。すると、B社長の口から予想もしなかった事実が吐露されたのです。

B社長は前オーナーである不動産会社のA社長に騙され、500万円近くの損害を被っていました。その怒りから、「俺は絶対に家賃を払わない!」という報復行動に出ていたのでした。前所有者は、それを僕に告知せず売り渡したのです。

さて、どうしたものか。途方に暮れる中、家賃請求できないまま月日が過ぎていき、気づけば滞納額は450万円に達しました。

騙されて悔しいB社長の思いはわかるものの、家賃滞納を野放しにはできない。これはもう、法的手段に出るしかない。僕はそう決断し、裁判所に申し立てを行い、強制退去の手続きをとりました。

強制退去は現場に執行官がやってきて執り行われます。その際、該当物件を住居として利用しているか、テナントとして利用しているかによって執行官の対応が異なります。

住居の場合、そこが生活の拠点なので、現場に来ていきなり「出て行け！」と、身ぐるみを剥《は》がすようなことはしません。「3～4週間後にもう一度来るので、それまでに家賃を支払うか、払えないなら退去の準備をしておいてください」と猶予を与えてくれるのです。ただ3～4週間後、家賃を払えず退去となれば、強制的に部屋の荷物が出され、それにかかる費用も借主の負担となります（実際は、中立人が立て替えることになります）。

一方、テナントの場合、そこが店舗や事務所なので、住まいは別にあると判断され、長期間の猶予は与えられません。現場での態度が悪ければ、執行官から即刻退去を命じられるケースも少なくないのです。じつは僕はそうなってくれるのを期待し、法的手続きに踏み切ったのですが、またも予期しなかった事態が待っていました。

執行官が現場を訪れた当日、僕も現場に立ち会いました。そして、いざテナントに乗り込んだところ、そこは店舗や事務所という感じではなく、住居と化していたのです。

「なんだ、住んでいたのか」。執行官はあっけにとられていました。

僕はとっさに、誰かの入れ知恵で、「住んでいれば、いきなり強制退去は食らわない」と教えられたのだろうと思ったのですが、違いました。

Ｂ社長いわく、商売がうまくいかず、苦しい経済状況に陥ったため、住まいのほうを引き払ってテナントに移動。それにより仕事場兼生活拠点とするハメになったとのこと。実際、テナントには生活用品やベッドなどのほか、仏壇まである有り様でした。

執行官はなかばあきれ、「チャンスをやるから、３週間のうちに家賃を払うか、払えないなら出て行け」と命令。Ｂ社長はうなずくも、当然ながら家賃を払うことができず、３週間後に強制退去となったのです。

では、家賃不払いの４５０万円はどうなったのか。気になりますよね。

第一に考えたのが財産差し押さえです。しかし、銀行口座にあったのは１０００円以下。差し押さえるだけのお金が残っていませんでした。

僕は回収できないだろうと思いつつも、Ｂ社長に、月にいくらなら返済できるか尋ねました。すると、月２万円なら払えると言うのです。４５０万円を回収するまで15年以上かかり、ましてや毎月２万円を確実に返済してくれるとも限らない。でも、仕方ないとあきらめ、出世払いを期待して気長に待つことにしたのです。

最初はきちんと振り込まれたものの、案の定、次第に返済は滞るようになります。Ｂ社長に電話し、催促すると、振り込まれる。また滞ったら電話し、催促すると、振り込まれる。返済の意思はあるようで、こちらが言えば、きちんと2万円を払うのです。そんなやり取りを1年、2年と重ねるうちに、B社長とは旧知の間柄みたいな不思議な関係になっていきました。

3年目のあるとき、劇的な変化が訪れます。いつものようにB社長に催促の電話をすると、返済の遅れを詫びたのち、「最近調子いいんですよね」と超元気な口ぶりでした。そして突然、「月末に100万円払います」「その後も毎月100万返し、完済しますよ」と言うのです。一瞬、耳を疑いましたが、すごいねと返し、期待はしませんでした。

ところが実際に月末に100万円の入金があってびっくり。翌月も100万円振り込まれ、その後少しあいだは空きましたが、その年に450万円完済となったのです。

本来、家賃滞納者には遅延損害金（遅延利息）を請求できますが、そこまでは要求しませんでした。第一印象は最悪でしたが、根気よく付き合うと意外と律儀だったB社長。とは言え、二度と同じ経験はしたくないですね。

C O L U M N

ずっと「賃貸」、ずっと「持ち家」、どちらが得なのか?

不動産屋をしていると、この質問がよく出ます。結論から言うと「わからない」かつ「人や場合によって異なる」が僕の答えです。専門家の意見として適切でないかもしれませんが、詳しい説明を聞けば「ああ、なるほど」とご理解いただけるかもしれません。

まず「わからない」の理由。

自分や家族が引越しや転勤が多いか少ないか、同じ場所にずっと住み続けるか否かを考えてみてください。引越しや転勤が少なく、同じ場所に住み続けられるのであれば、自分の家を所有したほうが賃貸の家賃を払い続けるよりもはるかに得でしょう。

反対に、引越しや転勤が多く、同じ場所に住み続けられないのであれば、家を所有・維持し続けることは大変です。賃貸なら引越し先の都合に合わせて簡単に住まいを変えられますし、転勤には家賃補助が出たりします。あきらかに賃貸に住むほうが得でしょう。

つまり、「わからない」というのは、自身や家族がどんな人生を歩むかによるからです。それによって賃貸、持ち家のどちらが得なのかが変わるので、何とも言えないのです。

次に「人や場合によって異なる」の理由。

自身や身内で住宅を建築できる土地を持ち、その場所がマイホームとして適切なエリアである場合は、住宅を建設して居住するのが金銭的には得になるケースが多いです。ただ、その後離婚などして、そこに住みにくくなるようなことが起こると、賃貸にしておけばよかった……なんて話にもなりかねません。しかし、いざ処分しようとするときに自宅近くに新駅ができたり、新しいショッピングモールなどができて、購入時より高い金額で売れることもあるかもしれません。「人や場合によって異なる」とはそういう意味です。

「人間万事塞翁が馬」とはよく言ったものですね。

賃貸VS持ち家は、答えの出ない永遠の課題なのです。

第3章

買って使う！【売買不動産の考え方】

戸建てVSマンション。お金で判断するなら戸建て

住宅は人生で一番大きな買い物と言われます。購入時には多大な住宅ローンを抱える人が多く、ここでミスをすると一生を棒に振ることになりかねません。

マイホームの選択肢は多種多様です。新築か中古か、戸建てかマンションか、建売か注文住宅かなど、判断に頭を悩ますことでしょう。

また、住宅ローンの組み方や返済計画、ローンが払えなくなったときの対処法なども知っておきたいところです。

本章では、マイホーム選びのポイントと、住宅ローンにからむ必要不可欠な知識を中心に説明していきます。

マイホーム購入を考えるとき、戸建てとマンション、どちらにするかが第一の検討課題です。二つの住まいは形態が異なり、メリットもあれば、デメリットもそれぞれあります。それを踏まえて選択することが大原則。好みや価値観、ライフスタイルなどによっても、

選択は分かれます。

僕ならどう考えるか。戸建てか、マンションかと問われたら、選ぶのは「戸建て」のほうです。これは、物件価格、維持コストや税金、資産価値といったお金の面から比較検討した判断になります。

まず物件価格から見ていきましょう。

2018年の首都圏の戸建ての平均価格は、ある不動産調査機関の情報によれば、新築が約4100万円、中古が約3500万円。対してマンションの平均価格は、新築が約5600万円、中古が約3300万円となっています。

中古を選択するなら戸建てとマンションは同レベルですが、新築を選択すると約1500万円もの開きがあり、戸建てのほうが圧倒的にリーズナブルと言えます。

近畿圏、中部圏でも同様です。金額の差こそあれ、新築の場合、マンションより戸建てのほうが安く、購入のハードルは下がります。

次に、購入後の維持コスト。

マンションは毎月、管理費と修繕積立金を支払っていきます。住宅ローンが終わっても支払いは続きます。修繕積立金は外壁の塗り替えなど大規模修繕にあてられ、長く住めば住むほど上がっていくケースが多いです。マイカーを持つ人は駐車場代も毎月支払っていくことになります。

一方、戸建ては自ら物件を維持管理するため、住宅ローン以外、毎月決まった支払いはありません。もちろん、建物は年々古くなっていくので、必要に応じてリフォーム費用はかかってきます。

比較すると、一般的にマンションは維持コストが高くなり、戸建てのほうが安くすむのです。

税金は、家や土地の所有者にかかる固定資産税を毎年支払っていきます。この固定資産税も、マンションより戸建てのほうが安くすみます。

固定資産税は、建物の構造で異なる耐用年数によって変わってきます。マンションの多くは鉄筋コンクリート造（ＲＣ造）で、法定耐用年数は47年と定められています。一方、戸建ての多くは木造で、法定耐用年数は22年と定められています。

ＲＣ造の建物は、木造より耐用年数が長いため、評価が下がりにくく、固定資産税が安くなりにくいのです。木造の建物はその逆。耐用年数がＲＣ造の半分以下と短いため、評価が下がりやすく、固定資産税が安くなりやすいのです。

最後に資産価値。将来物件を手放すとなったとき、どのくらいの値段がつくのか。資産価値が大きく下がらず、維持されるほうを手にしたいですよね。

戸建ては「建物と土地」の所有権を購入しますが、マンションは「建物」のみを購入するイメージです（厳密には、建物の所有権と土地の所有権の一部を持ち分で所有します）。

建物は年数を重ねるごとに劣化し、価値が下がっていきます。対して土地の価値は、近隣相場に変化がなければ変わりません。したがって、土地を含む戸建てのほうが価値が下がりづらく、資産価値は高いと言えます。

このように、すべて戸建てに軍配が上がるわけです。

もちろん、恐ろしく土地の価格が高い都心部などでは、戸建てを持つのは一般の方には難しいでしょうし、お金以外の観点から比較検討したら結果は変わります。立地やセキュリティ面からは戸建てよりマンションが有利ですし、共稼ぎで子どもを持たない夫婦や、セカンドライフ世代はマンションのほうが生活しやすいでしょう。

マイホーム購入で何を最も重要視するのか。その条件を決めることで、戸建てとマンション、どちらを選ぶかがおのずと見えてくると思います。

新築VS中古。安心重視なら新築

新築を選ぶか、中古を選ぶか。マイホーム購入において、この二者択一も大きな課題です。前項目と同じく、メリット、デメリットを踏まえて検討するのは鉄則中の鉄則。何を重要視するかも頭に置いてください。

物件価格を比較すると、新築より中古のほうが安いのが一般的です。設備面では逆に、中古より新築のほうが性能や充実度で勝ります。

問題は論点をどこに持っていくかです。僕なら「安心」を第一に考えます。

マイホーム購入で失敗は避けたい。絶対に後悔したくない。そういった声を多く聞きます。失敗や成功の捉え方は人それぞれですが、我が家に安心して住めることは共通の願いだと思います。

安心の観点から言うと、新築と中古、どちらに軍配が上がるのか。

僕の答えは「新築」です。マイホームの安心を阻害する大きな要因に、住宅の欠陥が挙げられます。雨漏りや床の傾き、基礎部分の沈下など、住宅の欠陥は昔から見られました。近年ではそれを問題視し、建築に関連する法規制が厳しくなっています。ですから新築、もしくは中古住宅でも、築浅（建築されてからの年数が浅いこと）であればあるほど、安心度は高いと言えるでしょう。

また、安心に欠かせない安全性でも新築が優勢です。建築基準法は震災後に幾度となく見直されているため、震度6強～7（阪神・淡路大震災と同程度）の地震でも、現在の建物は倒壊する恐れは低いと言われています。

ただ、新築なら絶対安心とは言い切れません。不安を感じ、心配だという人は、「ホームインスペクション」と呼ばれる住宅診断を利用するのも一つの手です。

ホームインスペクションとは、住宅の設計・施工に詳しい建築士などの専門家（ホームインスペクターと呼ばれる住宅診断士）が、住宅のコンディションについて調査を行い、欠陥の有無、補修すべき箇所やその時期、およその費用などを客観的に診断する業務を指します。簡単に言うと、住宅の病院で、お医者さんに診断してもらうイメージですね。

住宅の完成時にホームインスペクションを依頼し、そこで問題点を発見したら、欠陥住宅を買わずにすみます。

料金は、住宅診断士の目視による一時診断は5～6万円前後が一般的で、機材を使用する詳細診断は10万円以上になることもあるようです（日本ホームインスペクターズ協会HP参照）。

なお、ホームインスペクションは戸建てに適し、マンションは対応が難しいと言われています。

では、新築に住み始めてから欠陥がわかったら、どうすればいいか。

新築の場合、購入してから10年以内に発覚した欠陥は保証で対応してもらえます。これは、「住宅《じゅうたく》瑕疵《かし》担保《たんぽ》履行法《りこうほう》」という法律によるもの。主要構造部分の瑕疵や雨漏りが10年保証の対象となり、売主や建築業者に補修などを求めることができるのです。

また、主要構造部分や雨漏り以外の欠陥についても、内容次第で引渡しから2年間の瑕疵担保責任の対象となることがあったり、会社によっては10年以上の長期保証を付けているところもあります。

万が一の場合の保証面でも、新築のほうが安心と言えるのです。

中古住宅は見極めが難しい。最低限、耐震基準を確認する

中古住宅は価格の安さが魅力です。新築から中古に視点を移すと、マイホームの夢がぐーんと近づきます。

ただし、築年数の経っている中古物件の場合、「見えない部分にトラブルがあったらどうしよう……」といった不安を感じるはずです。リフォームによって隠されてしまう心配もあります。

仮に問題が潜む物件だったとしても、素人が見抜くのは困難。したがって、中古住宅の購入には慎重を期さなければなりません。

旧耐震基準と新耐震基準の違い

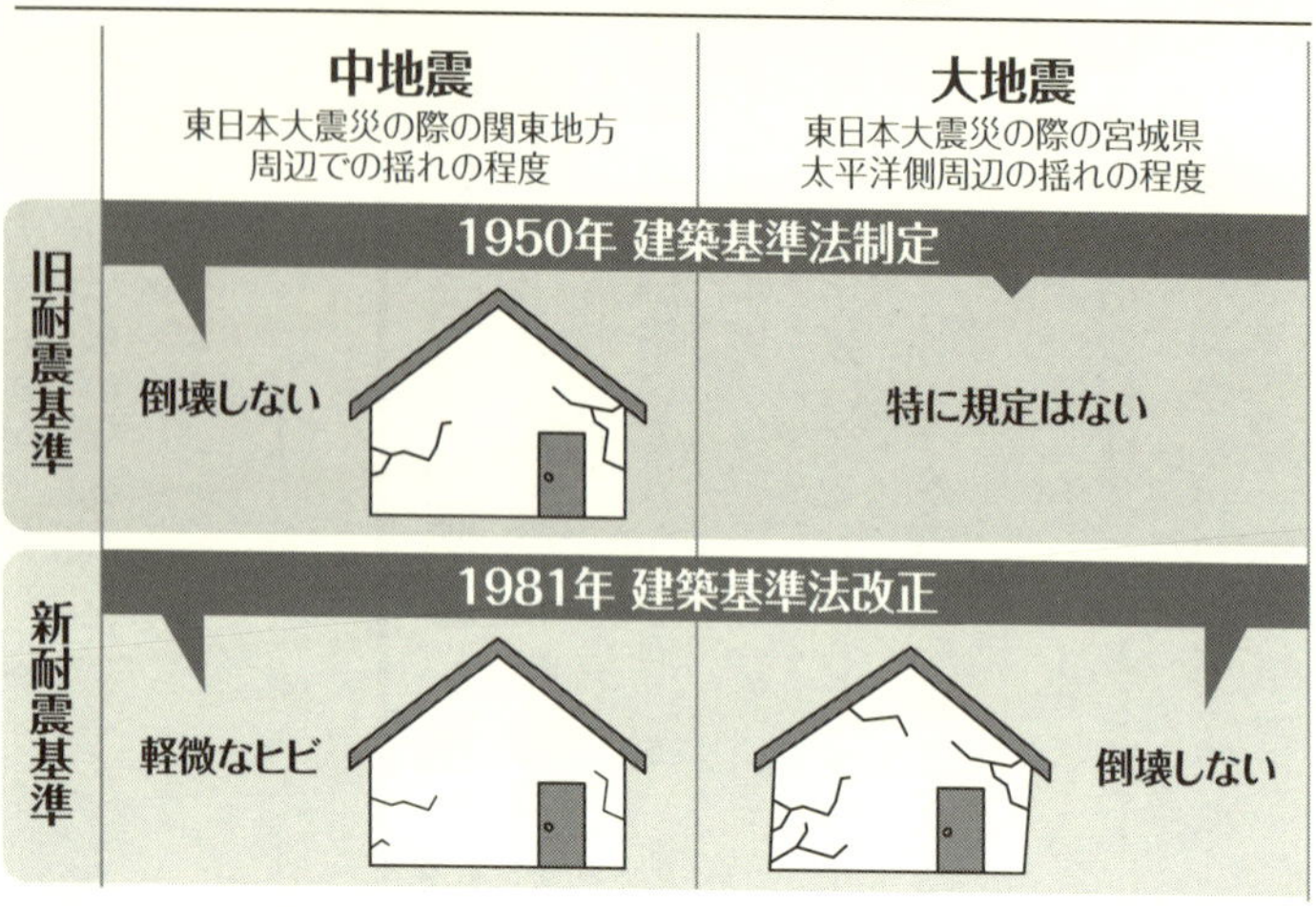

素人でも判断できる最低限のポイントとして、建物の耐震性は絶対にチェックするようにしましょう。

1981年6月に、建築基準法の耐震基準が変更になりました。それより前に建てられた建物が「旧耐震基準」、それ以降に建てられた建物が「新耐震基準」となります。

新耐震基準の建築認可を受けた建物は、マンション、戸建てともに、震度6強~7（阪神・淡路大震災と同程度）の地震でも倒壊する恐れが少なく、震度5強程度ならほぼ損傷しない強度のものです。

つまり、中古であっても1981年6月以降に建てられたものを選べば安全性は高く、安心というわけですね。

建物の欠陥については素人では見抜けないため、プロに頼むのも一つの策。前の項目で説明した住宅診断、ホームインスペクションを受けることをおススメします。

購入前にプロの目で建物の状態を確認してもらい、その診断結果をもとに購入判断できるので、失敗は避けられます。ホームインスペクションは有料ですが、安心を買うと思えば損はないでしょう。

買取再販を行う不動産会社から物件を買うのも一つの方法です。買取再販とは、不動産業者（宅建業者）が中古物件を買い取り、リフォームして再び販売する仕組みです。売主が不動産業者の場合、購入後に欠陥が発覚しても引き渡し後から2年間は、業者が責任を持って修理する義務があります。業者の瑕疵担保責任があるので、安心と言えるのです。

なお、売主が不動産業者以外の場合でも、売主が瑕疵担保責任を負う場合もあります。ただ、それは売買契約でそのように取り決めた場合のみであることを頭に入れておきましょう（瑕疵担保責任については第5章でさらに詳しく説明しているので、参考にしてください）。

ローコスト住宅だからダメということはない

近年、「ローコスト住宅」が注目を集めています。ローコスト住宅とはその名の通り、通常より安い価格で建てられる住宅のこと。ハウスメーカーに依頼して建築するのが一般的です。

住宅の建築は、通常の住宅だと坪単価相場は60～70万円。対してローコスト住宅の場合、坪単価相場30～40万円に抑えられます。

30坪の土地に、通常の住宅（坪単価60万円の設定）とローコスト住宅（坪単価30万円の設定）を建てたケースで価格を比較してみましょう（諸費用を400万円とします）。

・通常の住宅の建築費用＋諸費用＝2200万円
・ローコスト住宅の建築費用＋諸費用＝1300万円

けっこうな開きがあります。できるだけ費用を抑えてマイホームを建てたいと願う人にとっては、願ったり叶ったりでしょう。

ローコスト住宅は、「1000万円以下で家が建つ」などと宣伝されています（たいてい諸費用は別）。安さには理由があり、材料費や人件費をはじめ、広告宣伝費、設備費などが抑えられています。

では、ローコスト住宅って実際どうなのか。本音のところを知りたいですよね。

ローコスト住宅を「安かろう悪かろう」と見たり、「手抜き工事をしているんじゃないか」などと暴言を吐く人もいます。でも僕はそう思いません。ローコスト住宅だからダメということではないのです。

高いおうちを作っている職人さんも、安いおうちを作っている職人さんも、誰しも自分の仕事に誇りを持ち、住まわれる方の幸せを願っていると思うのです。

みなさんの中には、ブランド品を好む人もいるでしょう。バッグであればグッチやヴィトン、時計であればロレックスやオメガなど、高価なブランド品を購入するのが好きで、モノに囲まれたり、愛用することに幸せを感じると思います。

一方、モノへのこだわりはなく、100円ショップの品でも別に構わないと考える人もいるでしょう。値段が安かったり、シンプルなものがむしろ好きで、そういう暮らしや生活スタイルに価値観や幸せを感じるのだと思います。

住宅についても同じです。

ブランド志向が強い人は、有名メーカーの高価でステータスの高い注文住宅がおススメということになります。無意味に高いわけではありませんので、より構造にこだわることもでき、より良い設備が付いていて、より良いサービスを受けることができるでしょう。そのような希望通りのマイホームに住むことが満足につながるため、ローコスト住宅はミスマッチと言わざるを得ません。

モノへの強いこだわりがなく、「住宅にあまりお金をかけず、シンプルに過ごしたい」「家族と一緒に幸せに暮らせればいい」という人なら、ローコスト住宅はコストパフォーマンスが高いのでおススメです。高価な注文住宅のほうはミスマッチとなるわけです。

マイホーム選びは価値観が第一。価格の安い住宅が良いわけでも悪いわけでもなく、高い住宅が良いわけでも悪いわけでもない。自分や家族の幸せを考えたとき、どんな家に住むのが最適なのかという視点で選ぶのが正解だと僕は思います。

最後は縁!? マイホームとの出会い

不動産を購入すべきか、見送るべきか? 判断に迷うときもあるでしょう。僕は、最後は「縁」が大切になると考えています。マイホームはその最たるもので、結婚相手にビビっとくるのと同じく、マイホームとの出会いも何かの縁で決まるということです。

物件資料を見て「すごく良さそう!」と感じ、いざ現地で実物を見学したら、しっくりこないケースがあります。もちろん、その逆パターンも。物件資料ではあまり良さそうだと思わなかったのに、現地で実物を見学したら気に入ってしまったケースです。

ひと言で言えば、フィーリングの問題ですね。物件資料が良くても悪くても、最終的にはフィーリングがマイホーム購入を後押しすることは少なくありません。

タイミングの問題もあります。住宅資金のメドや子どもの誕生など、うまく時期がマッチしていればすんなり話は進むものです。

まさに縁を大切にされ、マイホーム購入が叶った女性Nさんの例を紹介しましょう。

Nさんはシングルマザー。3人のお子さんを女手一つで育てておられました。そんなNさんから「物件を見たい」という電話をいただき、現場で待ち合わせして初めて会ったときの印象はすこぶる良かったです。缶コーヒーを手渡され、「お忙しいところをありがとうございます！」とニッコリ。笑顔が素敵な女性でした。

当時Nさんは借家住まい。話を聞くと、子どもが思春期で自分の部屋を持ちたい年頃になったため、金融機関から融資を受けることができるのであれば、家が欲しいということだったのです。

ただ、このとき見た物件は、やはり融資が通らず購入できませんでした。そこで、まずは融資を受けられるようにするために、年収を上げる対策を計画。1年ほど頑張ってもらい、目標の年収をクリアしました。ちょうどそのとき、Nさんの実家近くにある掘り出し物の土地を紹介すると気に入られ、融資もすんなり受けることができたので、話はとんとん拍子に決まりました。

何よりビックリしたのは、売買契約書の読み合わせを行い、サインをしてもらう場面です。書類に書いてあった売地の番地を見て、Nさんが言ったのです。

「ここ、やっぱり私が買うべき土地でしたね」

「ん？　ご実家に近いからですか？」

「いいえ、番地が703でしょ。私の名前と同じ」

個人情報なので詳しくは言えませんが、彼女の名前は「ナオミ」さん。番地の703を見て「7（ナ）0（オ）3（ミ）」と読んだわけです。通常、物件資料には番地まで記載されていません。そのため、お客さんが番地を知るのは契約書類を交わすときとなります。Nさんにとってはまさに運命の出会いだったわけですね。

その後、Nさんはその土地に念願のマイホームを建てられ、3人のお子さんと住んでおられます。

フィーリングやタイミングなど、最後は縁。マイホーム購入の重要な指針として頭に入れておいてください。

永遠の課題……「住宅ローンは固定か？　変動か？」

「住宅ローンは固定、それとも変動？」。お客様からこの質問をされたときは、僕はいつも「わかりません」と答えます。実際に完済したときに振り返って、初めて「どちらが得だった」かがわかるものだからです。

だからといってスルーするわけにもいきませんので、基本的なことから僕なりの考えを書かせていただきますね。

マイホームは住宅ローンを組んで購入する人がほとんどです。その際、「固定金利」にするか、「変動金利」にするか、金利タイプの選択に悩みます。

固定金利は、決められた期間、金利が変わらないローン。金利が変わらないため、毎月の返済額も変わりません。3年、5年、10年などの固定期間選択型と、全期間固定金利型があります。

変動金利は、市中金利の動向に応じて半年ごとに金利が見直されていくローン。当初の金利は固定金利より低い設定で、金利が上がれば毎月の返済額が上がり、下がれば返済額も下がります。ただし、半年ごとの金利見直しの際に返済額が変わるわけではありません。

金利、返済額が長期間変わらない安心をとって固定を選ぶべきか。あるいは目先の金利、返済額の低さを優先して変動を選ぶべきか。今後、金利が上がるなら固定、変わらないなら変動と言われますが、金利動向はプロでも予測できません。固定か変動かの選択に正解はないのです。では、僕はどのように考えて住宅ローンを組んでいるのかを書きましょう。

僕が不動産業界に入った当時、住宅金融公庫（現・住宅金融支援機構）の全期間固定金利の住宅ローン金利が下がり、３％を切って、当初10年が２％台になったと騒がれました（11年目から４％）。そのとき、固定は安心と考え、公庫の住宅ローンを利用した人が多かったのです。

ところがその後しばらくたって、短期固定金利が１％を切る時代がやってきました。先の固定金利と比較すると、とんでもない差です。11年目に借り換える人が続出したのです。

たとえば、借入金額３０００万円、借入期間35年とし、金利２％と金利１％の二つのローンで、総返済額はどのくらい違うと思いますか？（計算上、全期間固定としています）。

・金利２％の場合……約４１７３万円
・金利１％の場合……約３５５６万円

600万円以上も違ってくるのです。

つまり、全期間など長期の固定金利にすると、金利が下がったときに損することになるわけです。


では、どうすればいいか。

金融機関で選ぶべきは一番金利の低い住宅ローンです。必然的に、短期固定金利か変動金利になりますが、現在一番金利が低く、毎月の返済額も少ないものをとりあえず利用します。

将来上がるかもしれない金利におびえて、今低い金利商品があるのに、わざわざ高い金利商品を選ぶのではなく、目先の低金利、低返済の恩恵にあやかるのが第一です。

金利が低いうちはそのままローンを維持して、金利が上がり始めたらその時点で固定金利に借り換えをする。将来の金利が上がるか下がるかわからないわけですから、どっちに転んでもいいような態勢をとるのが賢いやり方だと言えるでしょう。

住宅ローンをきっかけに生命保険の見直しを

住宅ローンを組む際、多くの金融機関では「団体信用生命保険」（略して団信）が付加されます。

団信とは、住宅ローン契約者に万一のことがあったとき、それ以降の住宅ローンの支払いが免除されるものです。保険料は住宅ローン金利に含まれるため、別途支払いは発生しません。

団信はその名の通り生命保険です。加入者に万一のことがあった場合は、団信を提供している保険会社がローンの残債を金融機関に返済してくれる仕組みになっています。残された家族はローンの返済をまぬがれ、マイホームに安心して住み続けられるのです。

この団信は必要不可欠なものですが、住宅ローン契約者がすでに生命保険に加入している場合、保障内容がかぶってしまいます。過剰な保障は保険料のムダですから、見直すべきでしょう。

生命保険は「人生で二番目に高い買い物」と言われます。毎月2〜3万円の保険料を支払う世帯が多く、月3万円なら30年間でトータル1000万円以上に達する計算です。

たとえば、一家の大黒柱として死亡保障3000万円の生命保険に加入していたとしましょう。そこに、3000万円の住宅ローンを借りて団信に加入したら、死亡保障は6000万円にもなります。

これまで必要だった死亡保障3000万円に加えてプラス3000万円となるので、それだけの保障が果たして必要なのか。いらないと判断するなら、生命保険を見直しましょう。見直せば、毎月の保険料を削減できます。

火災保険は風災・水災も含めて入っておこう

マイホーム購入時、住宅ローンを組む金融機関で火災保険への加入が義務付けられています。火災保険は、火災をはじめとした事故や自然災害などで生じた建物や家財の損害を補償するものです。火災と名が付いていますが、風災や水災などによる損害も補償内容に含まれます。

ローンを組んだ金融機関は火災保険の加入条件を指定し、それを満たした火災保険に入るのが大前提です。一般的には加入期間最長の10年、建物購入金額以上の保険金額といった条件を求められます。

金融機関や不動産会社から窓口となる損害保険会社を紹介されますが、どこで加入するかは個人の自由。補償内容や保険料などを吟味して選ぶことになります。

とは言え、火災保険は生命保険と違って身近ではありません。どの程度備えればいいかわからない人が多いでしょう。僕なりの考えをお伝えします。


火災保険の補償範囲は多岐にわたります。前述したように、火災による損害だけではありません。台風などによる風災や大雨などによる水災、水漏れや盗難などの日常災害の損害までカバーします。

火災はメインの補償で火災保険に加入したら必ず付帯されます。問題はその他の災害に関する補償をオプションでどこまで付帯するかです。

結論から言うと、一番高いフルカバーの火災保険に入るべきというのが僕の考えです。

火災保険の主な補償内容

火災

失火やもらい火による
火災の損害の補償

風災、雹災、雪災

風、雹、雪などによる
損害の補償

落雷

落雷による損害の補償

水災

台風や集中豪雨などによる
損害の補償

破裂、爆発

破裂や爆発による
損害の補償

盗難

盗難に伴う、損傷や汚損
などによる損害の補償

大型の台風やゲリラ豪雨など、自然災害が年々増えています。地球温暖化の影響もあると思いますが、今後も異常気象は続き、自然災害のリスクは高まっていくでしょう。

そういった意味で風災と水災による損害の補償は押さえておきたい。その分、保険料は高くなるかもしれませんが、ケチるべきではないと思います。たった一回何かが起これば、すぐ元がとれるからです。

もう一つ注意してほしいのは、地震による損害です。地震や地震を原因とする火災、津波、倒壊などの損害は、火災保険では補償されません。

地震に関連した損害をカバーするのは地震

保険になります。地震保険は単独では加入できず、火災保険のオプションとしての加入になるので、あわせて検討しましょう。

住宅ローンの繰り上げ返済はおススメしません

住宅ローンを組んだら、完済時期を早めるため繰り上げ返済を検討する人が多いと思います。繰り上げ返済とは、毎月決められた返済額に加えてローンの一部を返済すること。その分、ローン期間を短縮することができたり、総返済額を減らすことができます。

今は銀行に預金していても、超低金利で利息は微々たるものです。であれば、まとまったお金を繰り上げ返済に回したほうが得策と考える人は少なくないでしょう。その考えは間違っていませんが、僕は必ずしもそうは思いません。

繰り上げ返済を行うと、ローンを早く終えられるのは確かです。しかし、繰り上げ返済よりもっとお金を有効に使える策があるなら、そちらに回したほうが得ですよね。そんな策なんてない？　いえ、あります。投資をすればいいのです。

詳しくは次章で述べますが、僕はアパートなどを所有して家賃収入を得る不動産投資を最高の投資手段と考えています。不動産投資の利回りは銀行預金やローン金利の比ではありません。利回り5％、10％といった世界ですから、断然有利なわけです。

繰り上げ返済には、ちょっとした落とし穴も潜んでいます。僕が実際に耳にした例をお話しましょう。

Bさんは念願のマイホームを50代で購入。これまで以上に仕事に励み、新居で家族との楽しい日々を過ごしていました。60歳となってBさんは定年を迎えます。退職金として3000万円を手にしました。住宅ローンを早く終えたいと思ったBさんは、家族と相談してそのお金を繰り上げ返済に回し、ローンを完済したのです。

しかし、それから2年後、Bさんは大病を患い、帰らぬ人となってしまいました。

ローン完済後だったから良かったという見方もできるかもしれません。しかし、繰り上げ返済を行っていなかったら、Bさんの逝去に伴い団体信用生命保険でローンの残債はなくなり、退職金3000万円も手元に残ったという見方ができるのです。

僕は繰り上げ返済をおススメしないスタンスです。

退職金での繰り上げ返済はなおさらのこと。団信が付いているわけですから、万一の場合でも心配はいりません。今後の長寿社会においても、繰り上げ返済せずに現金が手元にあったほうが安心度は高くなります。

まして今はローン金利も超低金利。完済を急ぐ必要性は低いでしょう。

住宅ローンが払えなくなったら、任意売却で再スタートしよう

サラリーマンの場合、毎月の給与から住宅ローンの返済を行います。しかし、給与はなかなか増えず、横ばいがいいところ。会社の業績悪化により給与やボーナスが大幅カットとなれば、家計は火の車となってローン返済が滞り、マイホームを手放すという事態になりかねません。

そんな最悪の状況は絶対に避けたいところですが、可能性はゼロではないでしょう。もしもの備えとして、ローンが払えなくなったときの対処法を頭に入れておくことはとても大切なことです。

ローンの滞納が一定期間経過すると、金融機関によってマイホームが競売にかけられることになります。競売とは、借入の担保となっている土地や建物などの不動産を、裁判所を通して強制的に売却することを指します。

ローンを払いたくても払えない。滞納したほうが悪いんだから、「競売」にかけられても仕方ない。そう思うかもしれませんが、競売は債務者（ローンの借り手）に不利でしかないため、避けるべきでしょう。

競売の前の段階に、「任意売却」という方法があります。

任意売却とは、読んで字のごとく、自ら貸し手（金融機関）に売却を申し出ること。競売も任意売却も同じ売却手段ですが、その中身は大きく異なります。任意売却のほうが債務者にとっては有利で、競売にはないメリットがたくさんあるのです。

マイホームの売却では、「抵当権」の問題がついてまわります。抵当権とは、債務者が金融機関からお金を借りる際、返せなくなったときのために土地や建物を担保として設定することを指します。

金融機関は貸付金を回収するべく、抵当権のつくマイホームを差し押さえ、競売にかけます。競売では安価な価格で強制的に売却される場合があるため、ローン残高を下回るケースが少なくありません。しかも、ある日突然、不動産の所有権を失いますので、引越しの準備もままなりません。これを回避できる選択肢の一つが任意売却です。金融機関が担保物件を競売にかけ、低額で処分されてしまう前に手を打つわけです。

通常、抵当権のつく物件は、ローンの残債額以上で買い手が見つからないと売却できません。しかし任意売却の場合、債権者である金融機関の合意を得ることにより、ローンを無担保債権として残したまま、抵当権を抹消してもらうことが可能になります。売却の道が開けるのです。

競売と任意売却の比較を103ページで紹介しています。

マイホームが競売にかけられると、前述したように安価な価格で強制的に売却されてしまいます。市場価格の7割前後が一般的。その分、残債が多く残ってしまいます。

裁判所からの命令で引き渡しを迫られ、猶予は一切なし。即刻、住まいを明け渡さなければならず、拒むこともできません。加えて競売情報は、裁判所やネットでも公開され、一部の不動産業者が勝手に新聞広告に入れてしまう場合もあるため、親戚や近所の人などに知られてしまう心配もあるのです。

対して任意売却を選択すると、競売より高値で売れる可能性も十分あり、残債を大きく減らせるかもしれません。しかも、返済については金融機関との話し合いで分割返納も可能になります。

競売のように即刻明け渡しということはなく、引越し時期の相談もでき、債権者から引越し代まで配慮してもらえるケースもあります。さらに通常の不動産売却と変わらないため、返済が滞っているなどの事情を知られずにすみます。

再起をかけるなら、競売は回避して任意売却を選択するのがおススメです。ローンが払えず、滞納となった早い段階で、債権者である金融機関か任意売却を得意とする不動産会社に相談するようにしましょう。

競売と任意売却の違い

競売	比較項目	任意売却
市場価格の 7割前後が一般的	**売却価格**	市場価格に近い 価格で売却できる 場合が多い
多く残る 可能性が高い	**残債** およびその **返済**	大きく減らせる 可能性もある。 無理のない範囲で 分割返済可能
裁判所からの 引渡し命令や 強制執行も	**引越し時期**	債権者との話し合いで 引越し時期を 決定できる
一切出ない	**引越し費用**	交渉により もらえる場合もある
裁判所やネット上に 公開される。 新聞広告に勝手に 入る場合がある	**プライバシー**	通常の不動産売却と 同様なので、 事情は知られない

リースバックは人によっては非常にメリットが大きい

住宅ローンの返済が困難になったら、任意売却を選択するという話をしました。任意売却でも競売同様、マイホームから退去することになります。しかし、住み慣れた我が家を離れるのはツライことです。ローン返済は難しいものの、マイホームに住み続けたい人は少なくないと思います。

それを可能とするのが、「リースバック」と呼ばれる方法です。

リースバックとは、正式には「sale and leaseback」。つまり、賃貸借契約付き売却のことを指します。自宅などの所有不動産を第三者（投資家や不動産会社など）に売却し、売却先と賃貸借契約を結んで、元の所有者がそのまま住み続けられるという仕組みです。リースバックを利用すれば、買主であるオーナーに対して賃料を払うことで、かつてのマイホームで引き続き生活を送れるわけです。

リースバックは、次のような人にとっては非常にメリットが大きいでしょう。

・先祖代々から同じ地域に住み、引越しができない
・思い出の詰まった家から離れたくない
・子どもの学区を変更したくない
・家の売却を近隣に知られたくない
・高齢になり、不動産を現金にしておきたい

引越しする必要がなかったり、手放したマイホームを将来的に買い戻すことができるのも利点です。

ただし、リースバックの利用には一定の条件があります。その一つは売却価格が住宅ローンの残債を上回ること。たとえば、ローン残債が2000万円あって、売却が1500万円だったら抵当権を抹消できないため、リースバックは利用できないのです。

また、リースバックにはデメリットもあります。売却価格が周辺相場より安い、毎月の賃料は周辺相場より高い、買い戻し特約を付ける場合の買い戻し額は売却価格より高い、といったケースが多いことを認識しておきましょう。

リースバックは専門の不動産会社などが窓口になり、任意売却と組み合わせて使うこともできます。任意売却の場合、前項目で述べたように物件売却額がローン残高を下回っても抵当権を抹消できるため、有利と言えます。

ちなみにリースバックは、ローン返済の問題と関係なく、単にまとまったお金が必要なときにも使えます。年金の不足を補う老後資金や子どもの教育費などを、自宅に住み続けながら売却により現金化して用立てるのも一つの手でしょう。

COLUMN

モンスタークレーマーはモンスタークレーマーを呼ぶ!?

僕たち不動産業者の取引の多くは「仲介」といって、売りたい人と買いたい人をマッチングするのが仕事です。契約が成立したあかつきには売主様と買主様から仲介手数料として、成約金額の３％＋６万円に消費税を乗じた額をいただきます（成約金額が400万円超の場合）。

ある日、中古住宅の販売を依頼されて数ヵ月経過したお客様が、夜、お店に怒鳴り込んできました。この売主さんの家は駅が近く、南向きで日当たりも良く、一流の建築屋さんに依頼された大邸宅なのですが、片付けができないプチゴミ屋敷だったのです。購入希望者を何度も内覧にご案内したのですが、その汚さがたたって、まったく成約に至らない。その矢先の出来事でした。

「全然売れないじゃないの！」（ゴミ屋敷なのに価格が高すぎです）。

「何度も他人を家に連れてきて、全然決まらないなんて、努力が足りないんじゃない！」（家が汚すぎるのですが……）。

「一体どうしてくれるのよ！」（どうもしません）。

「あんた、売りに出すとき、売れなかったら責任取って買い取るって言っていたわよね」（断じて言っておりません！）。

ものすごい剣幕で詰め寄ってくるので、「このままじゃ刺されるかも……」という恐怖のあまり、その場で購入することを約束。従業員に危害を加えられてもいけませんので苦渋の決断でした。

この売主さん、近所付き合いがうまくいかず、家もプチゴミ屋敷化していたため、早く違う地域に引越したかったのです。だからといって不動産屋に難癖つけられても困るのですが……。

その後、この家を約500万円かけてキレイにし、ギリギリ赤字になることなく買っていただけることになりました。めでたし、めでたし……と喜んだのも束の間、買っていただいたお客様もまた、モンスタークレーマーだったのです。物件引き渡し後２年間、理不尽なクレームに振り回されたのでした（涙）。

第4章

貸して（売って）稼ぐ！【不動産投資の考え方】

不動産投資は資本主義の縮図

株式投資などとともに、資産運用の手段として人気の不動産投資。将来の年金不安などから、「いつかは自分もやってみたい」と、家賃収入への憧れを抱く人もいるでしょう。

しかし、不動産投資には怖いイメージがつきまといます。実際、資産を失ったなど失敗の声をよく耳にします。投資の世界はリスクがつきもの。勉強なくして成果は生まれません。リスクを知り、やり方を間違えなければ、不動産投資で財を成すことは可能です。

本章では、不動産投資の魅力とともに、失敗しない正しいやり方を解説していきます。

資産運用の手段として、僕は不動産投資が最強ではないかと考えています。なぜなら、投資対象自体に担保価値があるからです。

そもそも不動産投資とは、利益を得ることを目的として不動産に資金を投じることを指します。アパートやマンションなどを購入し、家賃収入を得ることを主目的とするのが一般的です（物件を売って利益を得ることも可能。別項目で説明します）。

定期的に家賃収入が入ってきたら、日々の生活不安や将来の年金不安などは解消されるでしょう。サラリーマンであれば給与とは別の収入源を得て、大家業を本業とするセミリタイアやアーリーリタイアの道も開けます。

では、不動産投資はどれくらい儲かるのか。その指標とされるのが利回りです。投じた元手（物件の取得価格）に対して、どのくらいのリターン（収益）を得られるのかをパーセントで表すものです。次の計算で導き出します。

・年間の家賃収入÷物件の取得価格×100

たとえば、1000万円の物件を購入し、家賃収入が年間100万円だったとします。このときの利回りを計算してみましょう。

・100万円÷1000万円×100＝利回り10％

ということになります（この利回りを「表面利回り」と呼びます）。

この利回り10％は、家賃収入が1年間に１００万円、10年間で１０００万円の投資金額をすべて回収できることを意味します。

現在、銀行の定期金利は０・０１％レベル。利回り10％と比較すると、その差は１０００倍！　ハイリターンなのは歴然です。

「利回り10％なんて実際可能なの？」と思う人もいるでしょうが、不動産投資の世界で利回り10％は珍しくありません。10％以上の利回りも望めます。

もちろん、リスクの見極めは必要ですが、これだけ高いリターンを得られるのは不動産投資以外にはないと僕は思っています。

高利回りを謳《うた》う怪しい儲け話と違い、不動産投資は昔からある資産運用の王道。先人たちの知恵やノウハウも蓄積されています。だからこそ、最強と言えるのです。

日本で不動産投資ができるのはラッキーなこと

「日本の不動産の未来は暗い」とおっしゃる方がいます。少子高齢化が進み、不動産がダブつくと考えるからのようです。しかし、僕にはそうは思えません。なぜなら、実際に不動産の売買や賃貸契約の現場に立ち会っているとわかるのですが、買いたい人も借りたい人も、日本人だけとは限らないからです。

僕が子どもの頃は、島出身ということもあったかもしれませんが、ほとんど外国人はいませんでした。しかしながら、今は「見渡せば外国人！」と言っても過言ではないくらい、さまざまな外国の方が日本にいます。観光の方もいますが、「第二の故郷」として日本を選ばれている外国人も多いのです。

日本は外国人でも不動産の所有権を取得できる珍しい国です。多くの国ではそれは認められておらず、そもそも国土は国のもので、国民は長期に賃借することしかできないという国もあります。そのような中で、外国のお金持ちは、この豊かな日本の土地の所有権を得ることに憧れを抱く人も多いのです。実際に住まわれる方もいますし、投資対象として安全な日本の不動産を選ぶのは自然なことなのかもしれません。

そうなってくると、ビジネスの対象は、日本人1億2000万人だけではなく、ちょっと極端かもしれませんが、全世界70億人がターゲットになってきます。

皆さんが思われている以上に、日本は安全で豊かで素晴らしい国なのです。全世界の人に憧れを持たれる素晴らしい国に住み、そこで不動産投資を行えることは、本当にラッキーなことだと僕は思います。

不動産投資は他人のお金で資産運用できる

不動産投資の魅力はまだあります。自分のお金は最小限にとどめ、他人のお金を使って資産を増やせるのも大きな利点の一つです。

他人のお金、すなわち金融機関がお金を貸してくれるということです。

株に投資したいと思ったとき、銀行がお金を貸してくれますか？　貸してくれませんよね。外貨に投資したいと思ったとき、銀行がお金を貸してくれますか？　貸してくれませんよね。

不動産は違います。先ほど述べたように、不動産投資は投資対象自体に担保価値があるので、銀行が投資資金を融資してくれるのです。その資金を使って自分の資産を増やせるわけだから、万々歳でしょう。

加えて現在、日本の不動産投資ローンの金利は低いため、その分、儲かります。たとえば、利回り10％の物件に投資し、融資金利が1％だったとしましょう。単純計算で言えば、10－1％＝9％が儲けということになります。

海外で不動産投資をしたらそうはいきません。アメリカの場合、金融機関で扱う不動産投資ローンの金利は平均4～4・5％程度（2019年3月現在）で、日本の倍以上です。となると、同じく利回り10％の物件に投資して融資金利を4・5％としたら、差し引き5・5％。儲けは日本の半分ちょっとしかないわけです。

金利の低い日本で不動産投資をやるのは有利だということです。

不動産への投資資金を金融機関が貸してくれる。しかも低金利。うれしい話ですが、借りた資金は返さなければなりません。それは事実です。

ただし、ローン返済のお金を自ら工面するわけではありません。他人が用立ててくれるのです。

他人とは誰か。そう、投資してオーナーとなったアパートやマンションなどの入居者です。入居者から得た家賃をローン返済にあてられます。
そして、その残りが投資家の実入りです。

たとえばですが、あなたの手元に1000万円あったとします。それで1000万円の利回り10％（要は年間家賃収入が100万円、月額賃料収入に換算すると8万3333円ということ）の物件を現金で買ってはいけません。1000万円投じて月収約8万円にしかなりません。これでは日本で不動産投資をする意味がないからです。

正解はこうです。あなたの手元に1000万円あるなら、頭金100万円、借り入れ900万円で1000万円の物件を10棟買うのです。それぞれを金利2％、20年返済で借り入れできたとすると、1棟あたりの月額返済は4万5530円。利回り10％ですので年間賃料が100万円とすると、月額賃料は8万3333円になりますから、8万3333円－4万5530円＝3万7803円が毎月の1棟あたりの収益になります。それが10棟ありますので、3万7803円×10＝37万8030円。これなら十分生活できますね。

同じ1000万円でも使い方を間違えると不動産投資は全然儲かりません。1000万円持っているという信用と、購入する10棟分の不動産を担保に9000万円の借り入れをし、家賃収入から返済財源と収益を生む。これが金利が低い日本における不動産投資の醍醐味なのです。

実際には経費や収益に対する税金も発生してきますし、建物の減価償却も入ってきますので、実収入はもっと減りますが、贅沢をしなければ、これで十分食べていけるでしょう。何より不動産は途中で売却することもできますから、まとまったお金が必要なときは一部を売却してしまう方法もあります。

一度しかない人生です。いつかは「借りる側」から「貸す側」にまわりたいものです。不動産投資は金融機関や物件入居者の協力のもとに成り立ちます。他人の力をテコにして資産を拡大していけるのが不動産投資の強みであり、何より面白いところですね。

小さな物件から始めるのが賢いやり方

不動産投資とひと口に言っても、やり方はさまざまです。投資対象とする物件は、一棟物を買うか一室の区分を買うか、木造アパートがいいのか、ＲＣ（鉄筋コンクリート）造

物件タイプ別、主なメリット・デメリット

	メリット	デメリット
区分 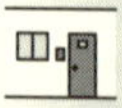	価格が一棟より安い、立地の良い物件を入手しやすい	収益性が低い、管理状況や売却価格をコントロールしにくい
戸建て 	高利回り物件がある、年数が経過しても土地の価値が残る	空室リスクが高い、リフォーム費用が割高
1棟 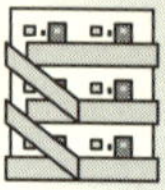	収益性が高い、担保評価が出やすい	価格が区分などより高い、空室が増えたときのダメージが大きい

マンションがいいのか、新築か中古か、といった選択があります。また、都市部か地方かといったエリアの選択もあります。

どの選択をしても、メリット・デメリットがあり、頭を悩まします。

たとえば、一棟物は多くの入居者を確保できるため、家賃収入も多く見込めます。ただし、物件価格は高く、東京や大阪などの都心部のものなら億単位が当たり前。融資のハードルも高くなります。

対して区分は物件価格が安く、手頃です。管理費、修繕積立金を払うので、管理や修繕の心配がありません。ただしその分、家賃の実入りは少なくなります。

というように、一長一短があるのです。

では、どのやり方を選べばいいのか。不動産投資初心者であれば、小さな物件から始めることをおススメします。小さな物件とは、マンションの区分一室や戸建てのことです。区分や戸建ては手頃な価格のものが多数出回っています。エリアにもよりますが、中古なら100万円台で買えるものもあります。

安い物件を見つけたらチャンス。まずは現金で購入してください。

不動産投資は金融機関がお金を貸してくれると前述しましたが、実績のない初心者の場合、融資のハードルは高くなります。ですから、実績を作ることが先決。区分や戸建ての安い物件なら現金購入で手が届き、実績も作りやすいのです。

現金で買えば家賃収入は全額実入り。家賃が月5万円なら、5万円が取り分となります(諸経費を除く)。大家業の経験を積みながら、家賃収入を使わずにコツコツと貯めれば、年間60万円。手元の貯金やボーナスなどプラスアルファしたら、次の物件も早いうちに手にできるでしょう。

こうして区分や戸建てを二つ三つ現金購入して所有するのがファーストステップ。収益を上げる不動産を複数持つと、金融機関の見方は変わってきます。

そこで金融機関の門を叩いて融資を仰げば、ノーとはならないはずです。

お金を借りられたらアパートなど1棟物の投資にステップアップ。すでに家賃収入をある程度得ている状態なので、多少のリスクは許容できます。

このようなやり方なら、初心者からスタートしても失敗はまずない。不動産投資で安全に資産を拡大していける最適な方法だと僕は思います。

収益物件なら絶対に中古がよい

家賃収入を得られる投資用の不動産を「収益物件」と呼びます。マイホームだと新築が好まれますが、収益物件は新築と中古、どちらを選ぶべきだと思いますか?

結論から言うと、僕のおススメは中古。なぜなら、収益性が断然高いからです。要するに、新築より中古のほうが儲かるということですね。その違いは利回りに表れています。

前述したように、利回りの計算式は「年間の家賃収入÷物件の取得価格×100」。利回りに関係してくる家賃と物件価格を中古と新築で比べてみます。

物件価格は、中古のほうが新築より大幅に安いものです。物件のタイプやエリアにもよりますが、驚くほど格安なものも潜んでいます。

一方の家賃は、新築のほうが中古より高いです。ただし新築の家賃は年々下落していくことを考慮しておかねばなりません。

一例で中古・新築の利回りを比較してみてください。


【新築】
・物件価格2000万円、家賃月額8万円・年額96万円
96万円÷2000万円＝利回り4・8％

【中古】
・物件価格500万円、家賃月額5万円・年額60万円
60万円÷500万円＝利回り12％

中古の利回りのほうが圧倒的に高いのがわかります。新築の倍以上です。この数字は決して大袈裟なものではありません。物件のタイプやエリアにもよりますが、新築は良くて

新築VS中古、主なメリット・デメリット

	メリット	デメリット
新築 	・修繕などのランニングコストが低い ・融資が受けやすい ・格好いい!(笑)	・利回りが低い ・物件価格が高い ・賃料の下落を考慮しなければならない ・返済期間が長期
中古 	・収益性が高い ・物件価格が安い ・賃料が下げ止まっている ・返済期間が短期	・設備などの劣化が見えない ・修繕にお金がかかる ・賃料が低水準

も利回り4~5%程度なのに対し、中古の場合は利回り10%台や20%のものにも巡り合える可能性があります。

もちろん、中古にもデメリットはあります。一番は新築より修繕のリスクが高いことです。物件が古いだけに購入後、修繕にお金がかかるケースは多くなります。そのリスクを補う方法として、94ページ以下で説明した火災保険に加入しておくべきでしょう。

火災保険は火災に限らない損害も補償の対象となります。中古物件だと漏水などによる水漏れも想定されますが、これは火災保険の補償範囲です。

また、中古物件は風災、水災の災害に弱い

ため、火災保険に入っておけば強風や集中豪雨などの損害をカバーしてくれるので、修繕が必要になっても安心と言えます。

土地勘のある地域で購入するのがベスト

これまで何度か述べてきましたが、投資対象とする物件のエリアの選択も重要です。大きく分けると、都市部と地方、どちらがいいかだと思います。

賃貸需要で勝るのは都市部です。東京に代表される都市部の場合、人口が多く流入も激しいため、賃貸のニーズは高くなります。しかし、都市部の物件は総じて価格が高く、低利回りです。安定した賃貸運営を望めるものの、大きな儲けは得られません。

一方、地方は総じて物件価格が安いため、高利回りです。少資金で高いリターンを望むことができます。しかし、地方は中心地から離れるほど人口が少なく、人口の減少傾向も激しい。その分、物件の空室リスクは高くなります。

やはり一長一短あり、都市部が正解、地方はダメと言い切れず、地方が正解、都市部はダメとも言い切れないのです。

では、僕が重要視するのは何か？　それは土地勘のあるエリアかどうかです。

僕の場合、土地勘のあるエリアは自分が住む地元になります。地元であれば地域の情報をよく知り、新たな情報も得やすいため、物件の見極めに有利です。仮に地元が地方だったら、一般的には人口減少で敬遠されますが、人気になりそうな地域や物件に勘が働きます。他の投資家より優位に立てるわけですね。

これが土地勘のないエリアだとそうはいきません。都市部でも地方でも物件購入の判断が狂いやすく、失敗を招きかねないのです。そういった意味で、土地勘のないエリアの物件を買うのはリスクが高いと僕は考えています。

加えて、物件購入後の賃貸運営においても、土地勘のある地元に物件を持つことは有利に働きます。空室対策や修繕などの面で目が行き届きやすいからです。

初心者であれば、購入や運営に失敗しにくい、地元の物件から不動産投資を始めるのがベストだと思います。

不動産仲介業者が入居者を付けたくなるオーナーは、こんな人

物件を購入したらひと安心ですが、不動産投資はそれで終わりではありません。むしろ、そこからがスタート。オーナーとなった物件に入居者が付いてくれないと家賃収入を生まないからです。

一般的に、オーナー自ら入居者を募集するのではなく、オーナーから依頼を受けた不動産仲介会社がその役割を担います。仲介会社はオーナーと入居希望者の間に入る立ち位置。営業マンがオーナー所有の物件を案内して内覧に立ち会ったり、説明などを行うのです。仲介会社は、入居希望者が物件を気に入り、賃貸借契約を結ぶことで仲介手数料を得ます。宅建業法により、仲介手数料は貸主と借主の双方から受け取ることができ、その上限額は合計で賃料の1ヵ月分と定められています。

オーナーは自分の物件に入居者を早く付けてほしいと願います。空室の期間があると家

賃収入が入ってこないので、当然のことです。

一方、仲介会社の営業マンも、入居希望者と賃貸借契約を結ぶことで仲介手数料が入り、自分の成績となるので、思いはオーナーと同じです。

しかし仲介会社の営業マンは、一人のオーナーの所有物件だけを担当しているわけではありません。複数人のオーナーの所有物件を担当します。

その中で自分の物件を優先してもらうにはどうしたらいいか。答えは簡単です。

何かと世話を焼いてくれたり、気遣いの言葉をかけてくれる相手がいたら、誰だってその人のために頑張ろうと思いますよね?

仲介会社の営業マンに対してもそう。賢いオーナーは、仲介会社訪問の際に手土産を持参したり、営業マンをご飯に誘ったりしているものです。

逆に、営業マンに対してぞんざいな態度をとっていると、空室が全然埋まらないなんてことになりかねません。営業マンだって人間ですからね。

「損して得とれ」の精神を肝に銘じましょう。

大家業は、予期せぬトラブルや事故が起こるものと頭に入れておく

不動産管理会社もオーナーをサポートしてくれる強い味方です。

不動産管理会社は、オーナーに代わって物件の管理・維持を担います。家賃の集金管理に始まり、建物の管理、入居者管理、トラブルや苦情対応など、幅広い業務を行ってくれます。どこまで任せるかを管理委託契約で取り決め、その内容にしたがって管理委託報酬を払う仕組みです。

サラリーマンが不動産投資をやるには、日中、仕事で動けないことがネックになりますが、管理会社に管理業務を任せてしまえば問題なし。だからこそ、サラリーマン大家が成り立つのです。

何か問題があったら管理会社からオーナーに通知。たとえば、水漏れなどトラブルの連絡が来て、どう対応するかはオーナーの判断となります。最終的な責任者も、管理会社ではなくオーナーとなります。

大家業では予期せぬトラブルや事故に遭遇するもの。僕が所有するアパートで実際に起

きた例を一つお話しましょう。

僕はその日、家でお酒を飲んでいました。いつも仕事で帰りは遅いのですが、運良く早く帰宅。大好きなウイスキーの水割りを2～3杯飲んだとき、僕の携帯が鳴りました。相手は何度かやり取りしたことのあるアパートの住人、Kさんです。

「こんばんは。どうしました？」

「どうしましたじゃないわよ！　仕事が終わって家に帰ってきたらアパートの周りがパトカーだらけで規制線が張られているわよ！　どうしたの？」

酔いが一瞬で醒めました。まさか自殺？　殺人？　そういえば一人商売がうまくいっていない社長さんが事務所として借りてくれている部屋があったな。まああの年齢だったし、まさか……。あらぬ想像が頭の中を駆け巡ります。

お酒を飲んでいたので、タクシーを使って即現場へ。現場に着くと、僕の大切なアパートが黄色に黒の文字で「KEEP　OUT」と書かれたテープでぐるぐる巻き状態。敷地内外にはパトカーが約10台。その姿を見て僕は愕然とし、「完全に死んでいるな……」と覚悟を決め、エントランスに近づいて行きました。

エントランスには警察官が2人立ち、住人以外の野次馬をシャットアウト。僕はゆっくり近づいてそっと話しかけました。

「あの～、何か事件か事故ですか？」

「僕たちはここを見張っているだけで、上で何があったかはわからないんだよね。君はこの住人？」

「いえ、住人じゃないんですけど……。大家です。何かあったのなら、僕はここの住人全員の顔を知っているので、本人確認できます。だから上にあげさせてもらえませんか？」

「んー、家族や親戚しかダメなんだよね」

「何も知らないとか言っておきながら、やはり何かあったこと知っているじゃん」。腹の中でそう思いつつも我慢。でも大家ということでエントランスには入れてもらえました。

そして、しばらくすると2階から4人くらいの警察官が、毛布でぐるぐる巻きになった何かを担架に積んで運んできました。

「これは完全にご遺体……」と思いました。

その後、問題の部屋を事務所として借りていた方の息子さん夫婦も降りてきて、初めて事情を知ることになります。

「お騒がせしてすみません。父が仕事から帰らず、電話にも出ないため、おかしいなあと思ってここへ来てみたら部屋で倒れていました。心臓発作だったみたいです。落ち着いたら室内の荷物を片付けますので、解約させてください」

というのが事の顛末《てんまつ》です。殺人や自殺ではありませんでしたが、人が亡くなったばかりの部屋を好んで借りる人はまずいません。その後、部屋を確認しましたが、出血の痕跡などはなし。そこには、ここで人が亡くなったとは思えない日常の風景がありました。

僕はその部屋をお祓いし、キレイにリフォーム。人に貸すのはいったんやめて弊社の物置きにしました。

「事故物件」になるのは絶対に避けたいものです。しかし、それを完全に防ぐことはできません。ですから、予期せぬトラブルや事故は起こるものと頭に入れておきましょう。

収益物件は、売って利益をあげることもできる

不動産投資は家賃収入を目的とするのが基本スタンスですが、購入した物件を売って利益を得るのも一つの方法です。株式投資と同じように、購入時より高く売れれば、その差額が利益となります。

一般的に都市部など立地の良い物件ほど、売却を考えたときに有利と言われます。賃貸需要が高く、金融機関の担保評価も高いため、年月が経っても値崩れしにくいからです。しかし、そういった物件は価格が高いのが当たり前。投資できるのは高年収などの人に限られます。

では、一般の投資家が売却益を狙うのは難しいのかというと、そうではありません。

何度もお伝えしていますが、不動産には定価がありません。物件を売却するオーナー側は、売却価格を自由に設定できます。物件の良し悪しとその値段を見て高いと見る人は買わないですし、安いと見る人は購入を検討します。要するに、売れる・売れないは人それ

ぞれの判断基準、つまり異なる見方やニーズなどで変わってくるのです。

見方やニーズは人によって千差万別ですから、どんな物件でも売れる可能性は十分あります。法外な価格設定でないことと、時間をかければ、買い手は必ず現れます。

そこで僕の作戦。

僕が売却を視野に入れて購入するのは区分や戸建てです。不動産は売りたいときに売れないと言われますが、区分や戸建ては比較的換金しやすく、流動性は高くなります。

割安そうな中古の区分や戸建てを現金で購入。と同時に購入した価格より少し高い値段で売りに出すのがポイントです。たとえば、300万円で購入したら、350万円や400万円といった値段で業者に売却依頼します。

あとは待つだけ。そのあいだ家賃が入るので、焦る必要はありません。売れなくてもOKなくらいです。

仮に400万円で売れたら、そのお金とそれまでの家賃収入を使って次はワンランク上の区分や戸建てを購入し、また購入価格より少し高い値段で売りに出して待ちます。そして売れたら、同様に繰り返します。

このようにすれば、手元の資金はどんどん増えていきます。しかも安全性は高いのです。

第1章でも触れましたが、僕は開業してすぐに、投資目的でワンルームマンションを現金購入しました。価格は約210万円。家賃収入は月3万円。購入と同時に売りに出し、約1年後に約300万円で売れました。

家賃収入の運用益が年36万円。物件の売却益が90万円。計126万円の儲けを1年で得た計算です。この資金をもとに次の不動産、同様に資金を得て次の不動産とチャレンジしていくことができました。

家賃収入と売却益の両輪で不動産投資を考えると、資産拡大のチャンスはより広がると言えるでしょう。

住宅ローンを使った二つの不動産投資法

金融機関で融資を引いて収益物件を購入する場合、「アパートローン」と呼ばれる不動産投資専門のローンを活用します。アパートローンの金利は2％台が一般的です。マイホームを購入する際に利用する住宅ローンと比較すると、金利は高くなります。

融資を活用するなら、金利は低いほうが得なのは言うまでもありません。アパートローンだと2％前半がせいぜいですが、じつは住宅ローンも不動産投資に活用することができるのです。

現在、住宅ローンの金利は、変動タイプも固定10年タイプも1％弱、最長35年（フラット35）のものは1％台前半です（2019年7月時点）。超低金利の住宅ローンを使えば、不動産投資を有利に進められます。

また、アパートローンの審査基準は総じて厳しいですが、住宅ローンは緩やか。融資を引きやすい利点もあります。

住宅ローンを使った二つの不動産投資法を紹介しましょう。

一つは、「賃貸併用住宅」を建てる方法です。

賃貸併用住宅とは、自らが住む居住部分と、人に貸す賃貸部分が共存している物件を指します。居住部分はマイホームとなるため、住宅ローンを使えます。

たとえば、2階建てのアパートで1階に賃貸の1K3部屋、2階はオーナーの居住スペースとしたり、3階建てにして1階と2階の半分に賃貸の1K3部屋を設け、2階の半分と3階をオーナーの居住スペースとしたりするのがよくあるパターンです。

賃貸併用住宅の一番のメリットは、賃貸部分の家賃収入を住宅ローンの返済にあてられることです。ローン全額を賄えるケースも多く、そうなるとマイホームが「タダ」で手に入ることになります。

そのほか、前述したように住宅ローンを使って収益物件が建てられ、低金利かつ長期間のローンを組めること、住宅ローン減税や、すまい給付金などの税制優遇を受けられるのもメリットです。

賃貸併用住宅には大前提となる条件があります。賃貸スペースよりも自宅スペースが大きいこと、具体的には「自宅の床面積51％以上」を絶対条件とします。自宅の床面積が50％以下だと住宅ローンは使えません。

デメリットも頭に入れておきましょう。

第一は、建物の半分を自宅として使い、その部分の家賃収入は入ってこないため、通常のアパート経営よりは収益性は低くなります。安定経営を望める裏返しです。

第二は、家族以外の人（入居者）と同じ建物内に住むこと。玄関や部屋は違ったとしても、人によっては「マイホームなのになぜ他人と住まなきゃいけないの……」と捉える人も多いので、家族の事前の了承は不可欠です。

そのほか、自宅＋賃貸のため建物の規模が大きく、ローンが高額になりやすい、売却が難しいなどと言われています。


もう一つは、「ヤドカリ投資」と呼ばれる方法です。

ヤドカリ投資とは、購入した自宅に住み続けず、引越しを繰り返して住む家を替えながら家賃収入や売却益の拡大を狙う投資スタイルです。住み替えを繰り返す様子がヤドカリに似ていることから、そう名付けられています。

まず、比較的安い収益物件A（中古の区分や戸建て。以下B、C同じ）を探し、住宅ローンを使って購入。自宅として住みながら繰り上げ返済を実行して早期完済を目指します。

ローン完済後、Aを賃貸に出し、住宅ローンを使って収益物件Bを購入。Bに移り住み、Aの家賃収入を得ながら同様に繰り上げ返済を実行して早期完済を目指します。

Bのローン完済後、Bを賃貸に出し、住宅ローンを使って収益物件Cを購入。Cに移り住み、A、Bの家賃収入を得ながら同様に繰り上げ返済を実行して早期完済を目指します。

このように、住宅ローンをテコに所有物件を増やしていく戦略です。ABCの物件の売却を視野に入れれば、資産拡大のスピードはもっと上がるでしょう。

たとえば、弊社のY専務は若い頃から不動産に関して鋭い感覚を持っており、20代半ばで古いマンションを400万円弱で購入し、リフォームしてしばらく住んで500万円程度で売却。

次に1000万円弱のマンションを購入し、数年住んで1000万円程度で売却。

次に650万円程度のボロボロのマンションを購入して700万円以上のフルリノベを施し、数年住んでトントン程度で売却し、結婚とともに新築住宅を買う……。と、それぞれ莫大な利益を出したわけではないのですが、いろいろな家にほぼコストゼロで住んできました。以上を考えると、十分なメリットがあったと思います。

まさに現代における女性版リアル「わらしべ長者」なのです（笑）。

住宅ローンを使って手堅く資産を増やせるのがヤドカリ投資の利点。資産拡大に時間がかかるのがデメリットですが、売却をからめていくことで多少はカバーできます。

安全重視かつ引越し好きの人には最適かもしれません。賃貸併用住宅とヤドカリ投資。どちらもメリット・デメリットを踏まえて検討してください。

不動産投資はできるだけ早く始めたほうがいい

不動産投資は40代50代でも始められます。60代でも可能です。でも、できれば20代30代の若いうちから始めたほうがいいと思います。

理由はただ一つ。早ければ早いほど得だからです。

不動産投資を35歳で始めたAさんと55歳で始めたBさんで比較してみましょう。ともに月50万円の賃料収入があり、80歳まで投資を続けたとします。Aさん、Bさんが手にする不動産からの収入は次の通りです。

【35歳Aさん】

・35歳から80歳まで45年間×年600万円＝2億7000万円。

【55歳Bさん】

・55歳から80歳まで25年間×年600万円＝1億5000万円

金額にして1億2000万円もの開きがありますよね。

早く始めれば、不動産からリターンを得られる期間は長くなります。成果の違いはこの数字で明らかです。

20代30代から不動産投資にトライすれば、老後に向けて、長い時間をかけて資産形成できます。定年前にローンを完済することは十分可能。あとは一生安泰の日々が待っています。仮に失敗したとしても、若いうちならやり直せるのも大きいです。

これが50代で不動産投資にトライすると、失敗は許されません。ローンを抱えたまま定年を迎え、老後に家賃収入を得られても不安とセットになります。

人生100年時代。できれば若いうちに不動産投資を始めることをおススメします。

では、未成年者が不動産投資をやることはできるのか。マネー教育を兼ね、子どもにやらせたいと考える親御さんもいるでしょう。残念ながら、未成年者単独では収益物件の購入はできません。ただし、保護者立ち会い、承諾の契約であれば購入は可能です。

COLUMN

誰も住まぬ愛人(?)の部屋

以前、H川荘という古い木造アパートの大家さんからとんでもなく奇妙な相談を持ちかけられました。そのアパートのある部屋は契約後、誰か住んでいるような気配がしない。にもかかわらず、家賃だけは10年以上払われ続けているというのです。

大家さんはアパートを解体し、有効活用を考えていました。築40年以上の建物で耐震面の不安がぬぐえなかったからです。引越し代と新居を借りる初期費用を負担する条件を提示し、問題の部屋以外の住人からは退去の同意を得られました。しかし、問題の部屋の借主とも住人とも連絡がつかない日々が続きました。

そんなある日、ついにアパートの土地の売却が決まり、建物を解体するため、借主との明け渡し交渉をしなければいけなくなりました。でも、借主とは相変わらず音信不通。しかも、よくよく大家さんに確認をとってみると、家賃は契約者ではない人物の名前でずっと払われているとのこと。契約者＝家賃を振り込む人＝住人ではないことは明らかで、関係者が２人なのか３人なのかつかめない中、何とかしなければいけない状況でした。

とりあえず部屋を確認してみようという話に。「まさか誰か中で死んでいるということはないだろうな？」と心配しながら、大家さんと司法書士と僕たちで部屋に入ることにしました。すると……。

室内には、化粧品、洋服、家電など、家財道具がそのままの状態で置いてあり、昨日まで人が生活していたような雰囲気でした。失踪？事件？　謎は深まるばかり。「ベッドの布団をめくって死体があったらどうしよう」「押入れを開けて死体が出てきたらどうしよう」などと、みんなでビビりながら確認しました。

結果、心配していたようなことはなかったのですが、勝手に人の家財（動産）を処分することはできません。また、家賃が振り込まれている以上、解約をしないと勝手にアパートも壊せません。そこで、司法書士の先生に借主の居所を探してもらうよう依頼したら、後日、借主との面談が叶ったとの連絡がきました。

「先生、よく居所をつかめましたね。実際に会えたこともすごいですし、スムーズに解約と動産処分の同意をもらえたこともすごいです。一体借主はどこに住んでいたんですか？」
「それが、なぜか関東地方に引越してたんです。僕が現場に足を運んだのは大雪の日。現住所の前で張り込んでいたんですが、凍死する寸前でその人が帰宅してくれたので助かりましたよ(笑)」

その後は無事アパートを解体することができ、大家さんに喜んでいただくことができました。

結局、契約者（＝家賃振込人）と実際に住んでいた人との関係まではわかりませんでしたが、推測の一つとして「元愛人の部屋だったのかなあ」と思った次第です。

今も謎のままですが、布団をめくったり、押入れを開けるときのみんなのビビり具合を思い出すと、不謹慎かもしれませんが、今でも笑ってしまうのです。

第5章

知っておきたい 不動産の基礎知識

不動産会社が行う「重要事項説明」とは？

「衣・食・住」の「住」にあたる不動産は、人々の生活に寄り添い、密接に関係していま す。賃貸、売買、投資と説明してきましたので、そのことを十分理解できたと思います。知っている人は得をして、知らない人は損をする。どんな世界にも共通して言えることですが、不動産の世界はとくに知っている人が少ないため、損得の差が激しいように感じます。人生の中で数回しか取引に携わらないという点や、不動産が高額な買い物ゆえでしょう。

本章では、不動産について絶対に知っておくべき情報を解説していきます。覚えておけば、役に立つこと間違いなしです！

不動産の売買や賃貸の契約をする前に、仲介する不動産会社は買主や借主に対して、該当物件の重要事項について説明する義務があります。

そのことを「重要事項説明」と言い、契約に関する重要な情報が記載された書類を「重要事項説明書」と言います。業界では単に「重説《じゅうせつ》」と呼ぶことも多いです。

重要事項説明は宅地建物取引業法に基づき、宅地建物取引士（宅建士）が行うことが決まっています。話を聞いて納得し、書類も問題ないと判断したら、売買や賃貸に関する契約書を取り交わすことになります。

重要事項説明の内容は素人にはわかりにくく、重要事項説明書にも難解な言葉が並んでいます。「わからないからいいや」とよく精査しないまま契約してしまうと、あとになってトラブルに発展しかねません。そうなったとき、業者に「説明はきちんとしましたよね？」「書面で交付した通りです」と言い切られてしまいます。

契約後のトラブルを回避するために、重要事項説明を受ける際の注意点や、重要事項説明書で最低限押さえておくべきチェックポイントを解説しましょう。


まず重要事項説明を受ける際の注意点。

前述したように、重要事項説明は宅建士が行います。説明の際には免許証の提示が義務付けられているので、相手が本当に宅建士かどうかを確認してください。悪徳業者の場合、宅建士ではなく営業マンが説明するケースもあるので注意が必要です。

重要事項説明が始まると、わからない言葉が必ず出てきます。その言葉をスルーしたりせず、不明な点は必ず質問するようにしましょう。まずは内容をしっかり理解することが大事です。

次に重要事項説明書のチェックポイントについて。

重要事項説明書には、大きく分けて「物件に関する事項」と「取引条件に関する事項」が記載されています。それぞれ確認すべき要点を頭に入れてください。

○物件に関する事項

所在地や土地建物の面積、所有者や担保権者など登記簿の記録や、都市計画法や建築基準法などの法律に関することが記載されています。

【確認すべき要点】

・権利関係に問題はないか？
・建築基準法など法令上で契約の目的に障害があるような制限を受ける物件でないか？
・計画修繕積立金・管理費が説明を受けた金額と同じか？

・特別な一時負担金や滞納がないか?
・道路付けなどの問題で再建築が不可の物件でないか?
・告知事項はないか?
など

○取引条件に関する事項

不動産の取引金額、手付金の扱いや契約解除の内容、瑕疵担保責任などについて記載されています。

【確認すべき要点】

・契約の解除の取り決めは適正か?
・契約不履行による損害賠償や違約金の取り決めが不利になっていないか?
・手付金の取り扱いなどが不利になっていないか?
・瑕疵担保責任の履行について明記されているか?
など

重要事項説明や重要事項説明書の内容に納得できなかったら、無理に契約をする必要はありません。トラブルを避けるためには、理解して納得したうえで契約へと進むようにしましょう。

瑕疵担保責任《かしたんぽせきにん》の意味は？

第3章で瑕疵担保責任について述べました。ここで改めて詳しく説明したいと思います。瑕疵《かし》とは欠陥のこと。不動産を購入して欠陥があったら嫌ですよね。それがマイホームであればなおさらでしょう。瑕疵担保責任とは、購入した不動産に欠陥があった際には、売主が買主に対して責任を負うことを意味します。

瑕疵担保責任は新築と中古で内容が大きく異なります。

新築の場合、購入してから10年以内に発覚した欠陥は、売主が無償で補修しなければなりません。これは「品確法《ひんかくほう》（住宅の品質確保の促進等に関する法律）」という法律によるもので、買主が守られているのです。ただし、対象となる瑕疵の範囲は、次の箇所に限定されています。
・構造耐力上主要な部分……柱、梁、土台、基礎など、建物を支えている部分
・雨水の侵入を防止する部分……屋根、外壁、バルコニーなどの部分
瑕疵が該当の範囲であれば、欠陥の補修を無償対応してもらえます。

では、売主や施工業者が倒産していたらどうなるのか。瑕疵担保責任を問いたくても会社が存在しなければ問うことができなくなってしまいます。

そういった事態を防ぐために、「住宅瑕疵担保履行法《じゅうたくかしたんぽりこうほう》」という法律が2009年10月1日から施行されています。同法は欠陥の補修が確実に行われるよう、売主の業者に保険や供託《きょうたく》を義務付けるものです。万が一、業者が倒産した場合でも、2000万円までの補修費用の支払いが保険法人から受けられます。重要事項説明書の瑕疵担保責任の履行措置の項目に、その旨が記載されているのでチェックするようにしましょう。

一方、中古には品確法による補償はなく、瑕疵担保責任は契約の内容によって異なります。売主が宅地建物取引業者の場合は、業法上最低2年間の瑕疵担保責任を負います。中

古であっても購入から2年以内の欠陥は無償で補修してもらえるということです。

問題は売主が個人のケース。瑕疵担保責任に対して決まりがなく、引渡し後3ヵ月とする例が一般的ですが、瑕疵担保責任を負わないとすることもあります。

接道義務、セットバックって何？

家を建てるとき、道路のことを気にする人は少ないと思います。せいぜい「車の通りが激しくなければいい」などと考える程度でしょう。しかし、道路は皆さんが思っている以上に、家を建てるときに重大な影響を及ぼします。


第一に知っておくべきなのが「接道義務」です。

建築基準法で定める道路は、原則として「幅4メートル以上」とされています。都市計画区域（および準都市計画区域）内においては、法律で規定された道路に2メートル以上接する敷地でなければ家の建築が認められません。これが接道義務と呼ばれるものです。

接道義務を課すのは、万が一の災害や事故に備えるためです。間口が狭いと緊急車両の通行の妨げになったり、避難に手間取って逃げ遅れるなどの問題につながるからです。

　しかし、実際には4メートルに満たない道路が世の中にはたくさんあります。これらの狭い道を「道路ではない」としたら、国民の生活基盤に支障をきたします。

　そこで、幅4メートル未満の道路でも、特定行政庁（都道府県知事または市町村長）が指定した道路については、建築基準法上の道路として扱うことにしました。この道路を同法42条2項にあたることから「2項道路」、または「みなし道路」と呼んでいます。

　道路とみなす代わりに、2項道路には条件が設けられています。2項道路に面した敷地に家を建てる場合、道路の中心線から2メートルの位置まで、敷地を後退させなければならないというものです。この敷地後退を「セットバック」と言います。次ページに図で説明しているので、あわせてご覧ください。

　セットバックも家を建てる際、思うように建てられない可能性があるため、頭に入れておきましょう。

セットバックとは？

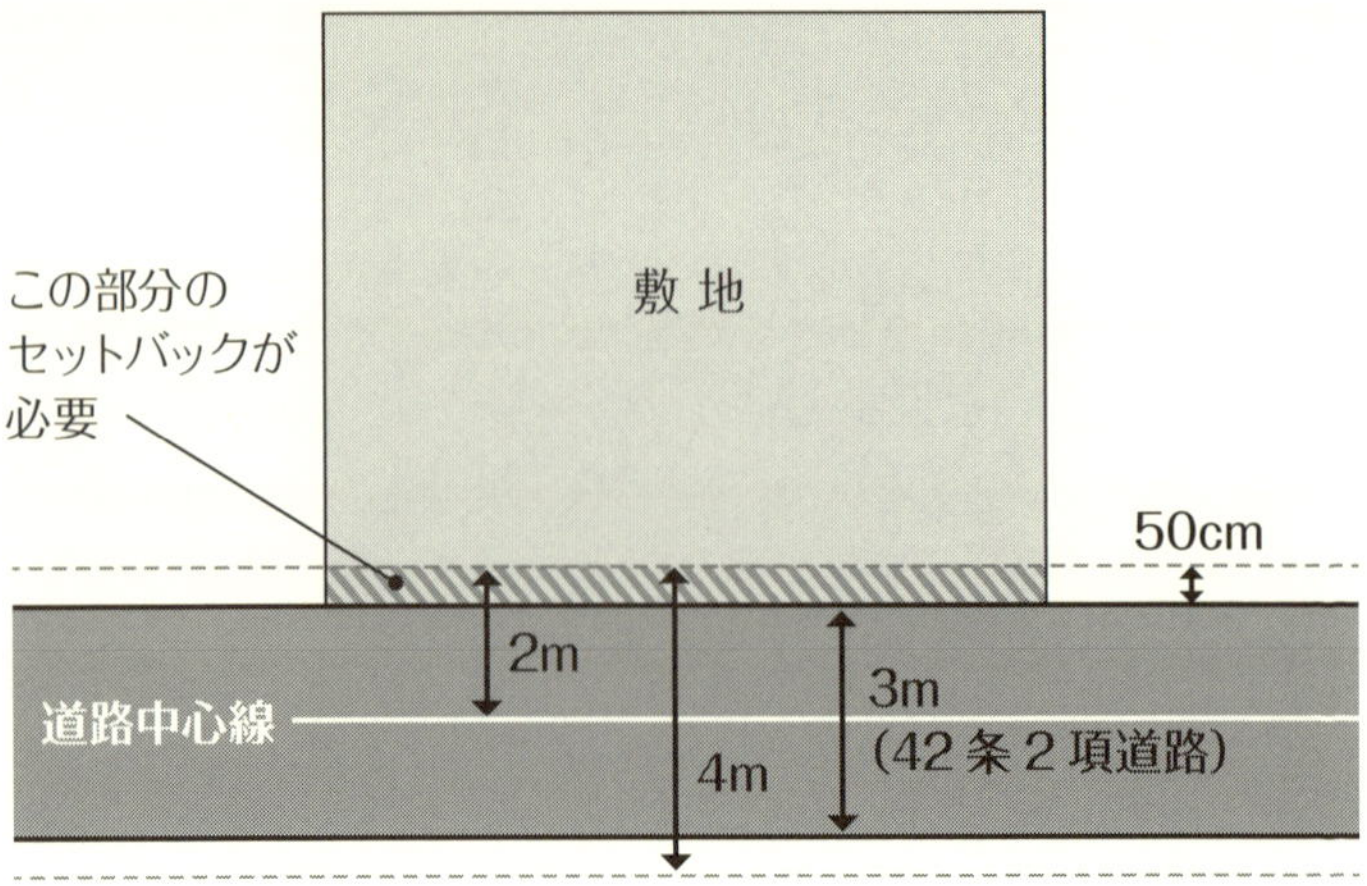

セットバックにからみ、思い出深い出来事があります。細い道に面する不動産を買っていただいたときの話です。少し横道にそれますが、お付き合いください。

そのあたりは昔ながらの街並みが残り、全体的にとても道が狭い地域でした。各家がちょっとずつセットバックしてくれれば十分車は通れるのですが……。ある日、その地域の土地を買っていただいたお客様から電話がかかってきたのです。

「購入した土地でもうすぐ新居を建てるのですが、困ったことが起こりました。土地に向かう途中の大きなお屋敷の方が、自分の土地と道路の境界ギリギリに、大きな石を並べて非常に車の通りにくい状況になっているのです。家主の高齢男性に『石をどけてくれませんか？』とお願いしても、『自分の敷地に石を置いて何が悪いんじゃ！』の一点張り。何とかならないでしょうか？」という内容でした。

困ったもんだなぁとため息をつきつつ、僕はすぐに現場へ。なるほど、お屋敷前の道路と敷地の境界ギリギリに漬物石くらいの大きさの石が並べられ、大型車だと車体を擦《こす》ってしまいそうな状況にあります。早速チャイムを鳴らし、そのおじいさんと面談しました。

「こんにちは。はじめまして。僕、この奥の土地の売買に携わった不動産屋なんですけど、購入された方がお宅のところの石が邪魔で通行に難儀していまして……。ちょっとだけ移動させてもらってはダメですかね？」

「ダメじゃ！　自分の土地のどこに何を置こうがわしの勝手じゃ」

「でも、これからご近所になるわけですし、そんなことおっしゃらず、人助けだと思って」

「嫌じゃ。なぜわしが人助けせにゃならんのだ？　そもそも狭いとはいえ十分通れるだろう？」

「確かに通れますけど……。道路を広くとったほうが通りやすいじゃないですか。それに道路を広くとってあげれば、良い人だなあって、きっとご近所でも人気者になりますよ。

そのほうがきっと得です！」

「わしゃ人気者になんかなりたくない。敷地が狭くなったほうが損じゃ」

こんな感じで取り付く島もありません。困ったおじいさんだなあと思いつつも、それから毎日足を運びました。

何度も足を運んでいると不思議なもので、今まで気づかなかったものに気づくようになります。玄関からおじいさんの家の中をよく見ると、何と碁盤が三つも四つもあるのです。

「おじいさん、碁がお好きなんですか？」

「何じゃ？　おまえ、若いのに碁がわかるのか？」

「碁はわかんないですけど、父が好きでした」

「そうか！　わしは碁が好きでな。この碁盤なんか300万円じゃ」

「すごい！　そんな高い碁盤があるんですね」

おじいさんはどんどんハイテンションになってきます。

「もっとすごいものを見せてやろう。この石じゃ。1粒8000円だ」

「すごい！　これ全部で一体いくらなんですか!?」

おじいさんはかなり自慢げで大満足の雰囲気。

「週に一度くらいじゃが、兄弟や友だちが碁を打ちに来る。それが唯一の楽しみじゃ」

よく見ると広いおうちは整理整頓されているものの、このおじいさんが一人で住んでいるような、ちょっと寂しい感じがしました。

「僕、将棋ならできるんだけどな。碁わからなくてごめんなさい」

そう言うとおじいさんは目を輝かせてこう言いました。

「何！　碁ほどではないが将棋も好きじゃぞ！　立派な盤と駒もあるぞ。どうじゃ、一戦？」

と、ひょんなことからこのおじいさんと将棋をすることになりました。僕は子どもの頃に将棋部に在籍し、なおかつ高校のクラスメイトに四段の実力の子がいて、ずいぶん鍛えられたのです。

「わしは四段じゃぞ！」

このおじいさんも四段。僕より確実に強い……。でも、まあ、こんな高級な盤と駒で将棋を指せるなんてめったにないので良い経験になると思い、将棋を指すことにしました。

そのとき、僕はある名案を思いついたのです。

「おじいさん。もし僕が勝ったらあの石をどけるってのはどう？」

おじいさんは一瞬キョトンとした顔をして、その後、大笑いしてこう言いました。

「お前さんがわしに勝つだって!?　ええじゃろう。お前が勝ったらすぐ石をどけてやる！」

「本当!?」

「男に二言はない！」

どう見ても70歳代のおじいさんは、当時20歳代後半の僕に、天地がひっくり返っても負けるはずがないと思ったのでしょう。ものすごく上機嫌になりました。


「お前、若いのになかなか筋がいいな」

「ありがとうございます。高校時代の友人で、おじいさんと同じ四段の子がいて、毎日休み時間に将棋を指していました。年に数回しか勝てなかったけど、将棋は昔から大好きなんです。その友人が、『君は二段くらいの力はあるかな』ってよく言ってくれていました」

正攻法で攻めたのですが、四段と推定二段とでは力の差は歴然としており、僕は負けてしまいます。

「やっぱダメだ。僕、仕事中だから今日はもう帰ります。また来るね」

そう言って席を立とうとしたら、

「まあまあ、もう一番じゃ！」

と言って僕を座らせ、あげくの果てにジュースやお菓子まで出てきました。

二局目を指しながら、おじいさんといろんな話をしました。奥様を数年前に亡くされて、今は一人暮らしであること。お子さんたちは近くにおらず、遠くに住んでいること。食事は近所のスーパーで買ってきた弁当が多く、料理は得意ではないこと。そして、毎日とても寂しいこと……。


「ダメだ、やっぱり勝てない……」

僕は二局目もあっさり負け、さすがにもう仕事に戻らないとやばいので帰ろうとしましたが、おじいさんはもはや僕を帰すつもりがないようです。

「まだまだ！　もう一番じゃ！」

このままでは僕は夜中まで将棋に付き合わされるという恐怖感と、正攻法で戦っても力の差が歴然としているという点から、急戦・奇襲として知る人ぞ知る「鬼殺し」という戦法でおじいさんと戦うことにしました。

すると、その奇襲戦法がうまくハマり、おじいさんが受けきれなくなり、何と三局目は僕が勝ったのです。

「やった！　勝てた！　約束した通り、石をどけてよね！」

「約束じゃから仕方ない。どけておいてやる。じゃが、これからもたまには将棋を指しに来いよ」

「わかりました！　たまに遊びに来ますね！」

次の日、奥の土地を買っていただいたお客様から電話がかかってきました。

「今朝見たら、邪魔な石が全部どけられていました！　ありがとうございました！」

この一件で僕の不動産屋としての人生が大きく変わりました。世の中には、難しい人、頑固な人、クレーマー……いろんな人がいますが、みんなとても寂しかったり、困っていたり、悩んでいるんだなあって。それと、あきらめなければ解決しないトラブルはないなって。

人から憎まれたり、嫌われたいなんて思う人間はいません。でも、寂しくて、かまって

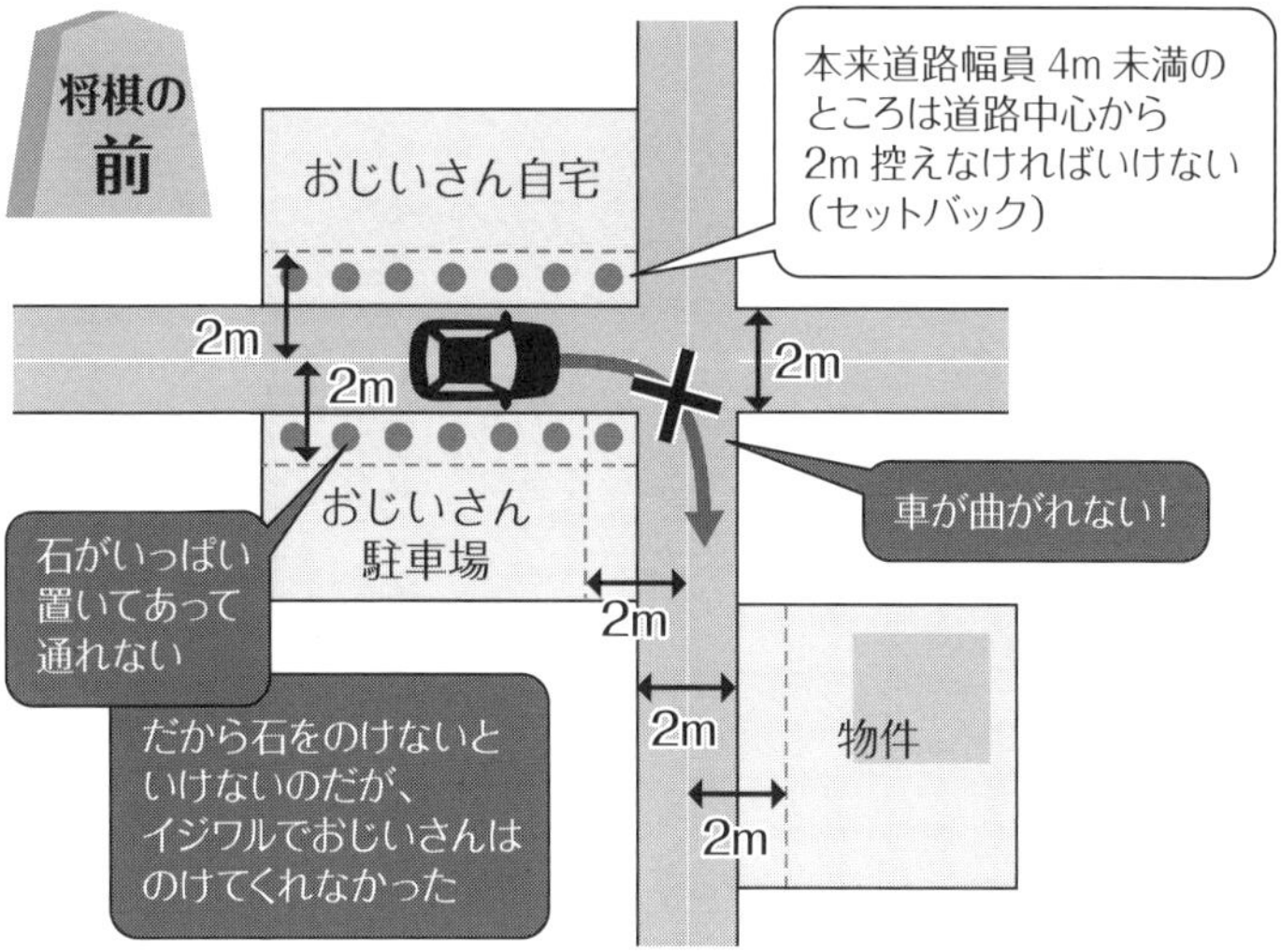
将棋の前
本来道路幅員 4m 未満の
ところは道路中心から
2m 控えなければいけない
(セットバック)
おじいさん自宅
2m
2m
2m
おじいさん
駐車場
車が曲がれない!
石がいっぱい
置いてあって
通れない
2m
2m
物件
だから石をのけないと
いけないのだが、
イジワルでおじいさんは
のけてくれなかった
2m

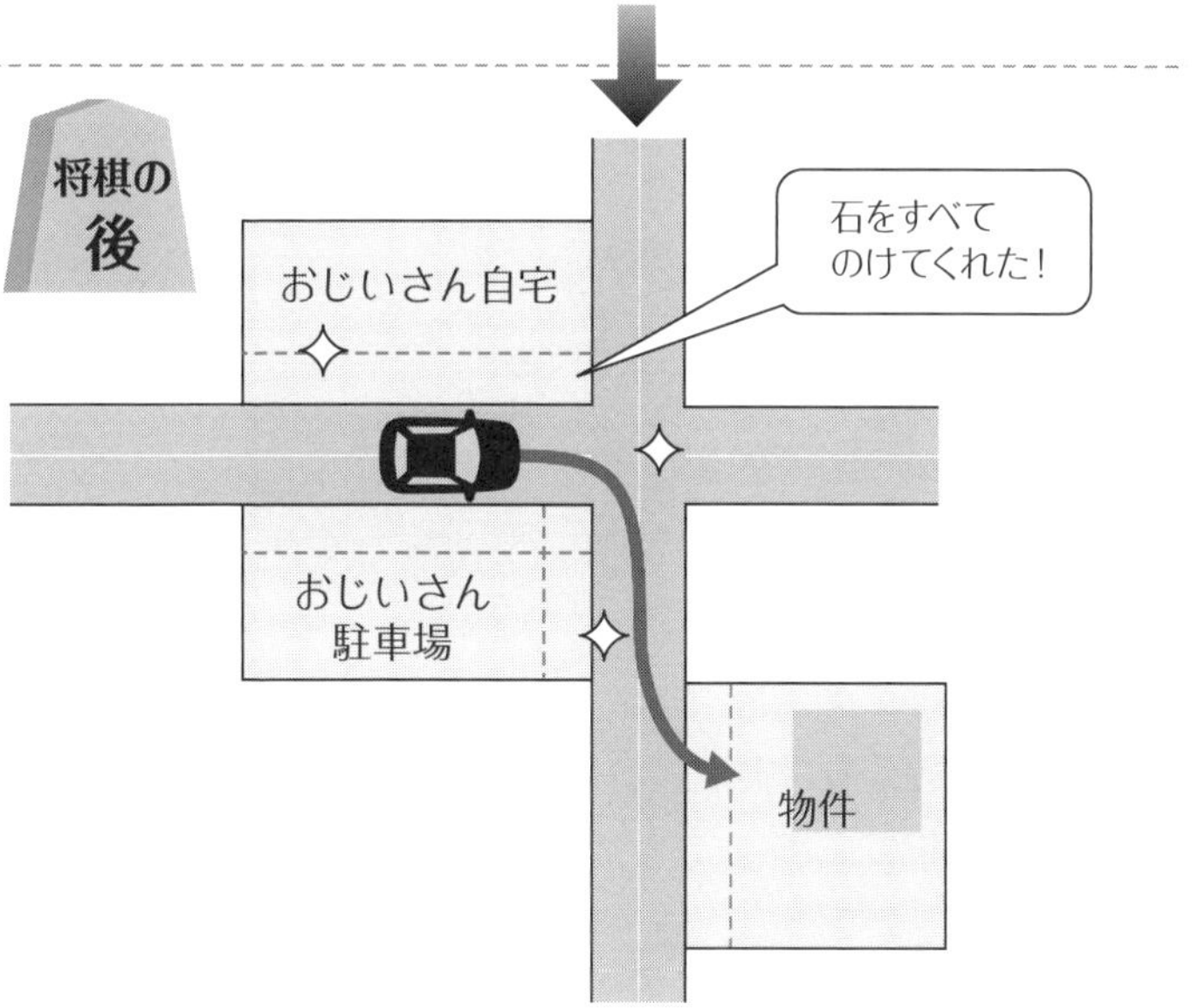
将棋の後
石をすべて
のけてくれた!
おじいさん自宅
おじいさん
駐車場
物件

ほしくて、どうしたらいいかわからなくて、不器用な行動をとってしまうケースもある。そんな人でも愛を持って接すれば、愛で返ってくるんだなあと感じることができた貴重な経験でした。

なぜ手付金が必要なのか？

家や土地、マンションなどの売買契約を結ぶ際、買主から売主に渡されるお金のことを「手付金」と言います。契約締結時にやり取りされ、物件引渡しの際に残金を支払うというのが一般的な流れです。

手付金は契約成立の証拠となる効力があります。契約後、買主と売主がともに「やっぱり買わない」「やっぱり売らない」ということが簡単にできないようにしているのです。

もし契約を破棄する際には、買主の都合であれば手付金を放棄しなければなりません。売主の都合であれば手付金を返還し、さらに同額を買主に支払わなければいけないことになります。そのことは売買契約書に明記する決まりです。

では、手付金の相場はいくらかご存じですか？

法的な決まりはありませんが、あまりに低額だと買主も売主も気軽に契約を解除することになってしまいます。一般的なのは「物件価格の5～20％」。高額な物件は手付金も高額になってしまうため、売買代金に応じて100万円前後とするケースが多いと思います。

なお、不動産会社が売主になる場合は、法律で20％以内と定められています。

不動産は高い買い物です。現金一括とはいかず、住宅ローンを組む人がほとんどです。ローンを組んで不動産を買う場合は、まず手付金を納め、その後、物件引渡しの際にローンが実行され、残金を支払うという流れになります。

ここで心配なのは、ローン審査が通らなかったケースです。通らないとお金を工面できないため、不動産は購入できません。「じゃあ、手付金はどうなるの？」と考えるでしょう。問題はそこです。融資利用ができなくなったとき、通常なら買主は手付金を放棄して、契約は白紙となります。

しかし、重要事項説明書や売買契約書に「住宅ローン特約」の記載があれば話は変わってきます。同特約は、住宅ローンの不成立が理由で買主が不動産購入をあきらめざるを得ない場合に、ペナルティなしで契約を白紙にできる解除条件のことです。つまり、買主には手付金が返還され、そのうえで契約は白紙となるのです。

キモは住宅ローン特約の記載の有無。ローン審査に不安を抱えている人は、チェックしておくべきですね。

用途地域、建ぺい率、容積率によって、建てられる建物の大きさや種類が変わる

不動産の広告には、難しい用語がたくさん並んでいます。一般の人には理解できず、説明を受けても「?」というケースが多いでしょう。わからないまま不動産の売買契約を結んだりすると、失敗を招くことになります。後悔しても後の祭りです。

不動産広告に掲載されている用語で、とくに注意すべきなのが「用途地域」「建ぺい率」「容積率」の三つです。

住宅を建てる際、自分の好き勝手に建てられるわけではありません。どんな土地(エリアや広さ)に、どんな建物(種類や大きさ)を建てられるのかは、法律などでさまざまな規制が設けられています。先の三つの用語がその規制の代表格にあたり、それらの数字を

踏まえて建てることになるのです。

では、それぞれ解説していきましょう。


まず用途地域。

用途地域とは、土地利用の用途を制限し、建築できる建物の種類を定めたルールのこと。購入した土地に誰もが自由に建物を建てたら、どうなると思いますか？

たとえば、戸建てが密集する住宅街に、大きな機械工場が建ったとします。戸建てに住む住民は騒音に悩まされたりして、静かに暮らせませんよね？　住環境が悪くなってしまうわけです。

このような問題が起こらないよう、住みやすい環境整備と、効率的な公共投資を可能とするために、用途地域は設定されています。

用途地域はすべての土地に定められているのではなく、「市街化区域」と「非線引き区域」、「準都市計画区域」が対象。

用途地域にもとづく土地利用の用途は、「住居系」「商業系」「工業系」に分けられ、計13種類あります。その内容は次の通りです。

【住居系8種】

・第一種低層住居専用地域
・第二種低層住居専用地域
・第一種中高層住居専用地域
・第二種中高層住居専用地域
・第一種住居地域
・第二種住居地域
・田園住居地域
・準住居地域

【商業系2種】

・近隣商業地域
・商業地域

土地利用の用途の種類

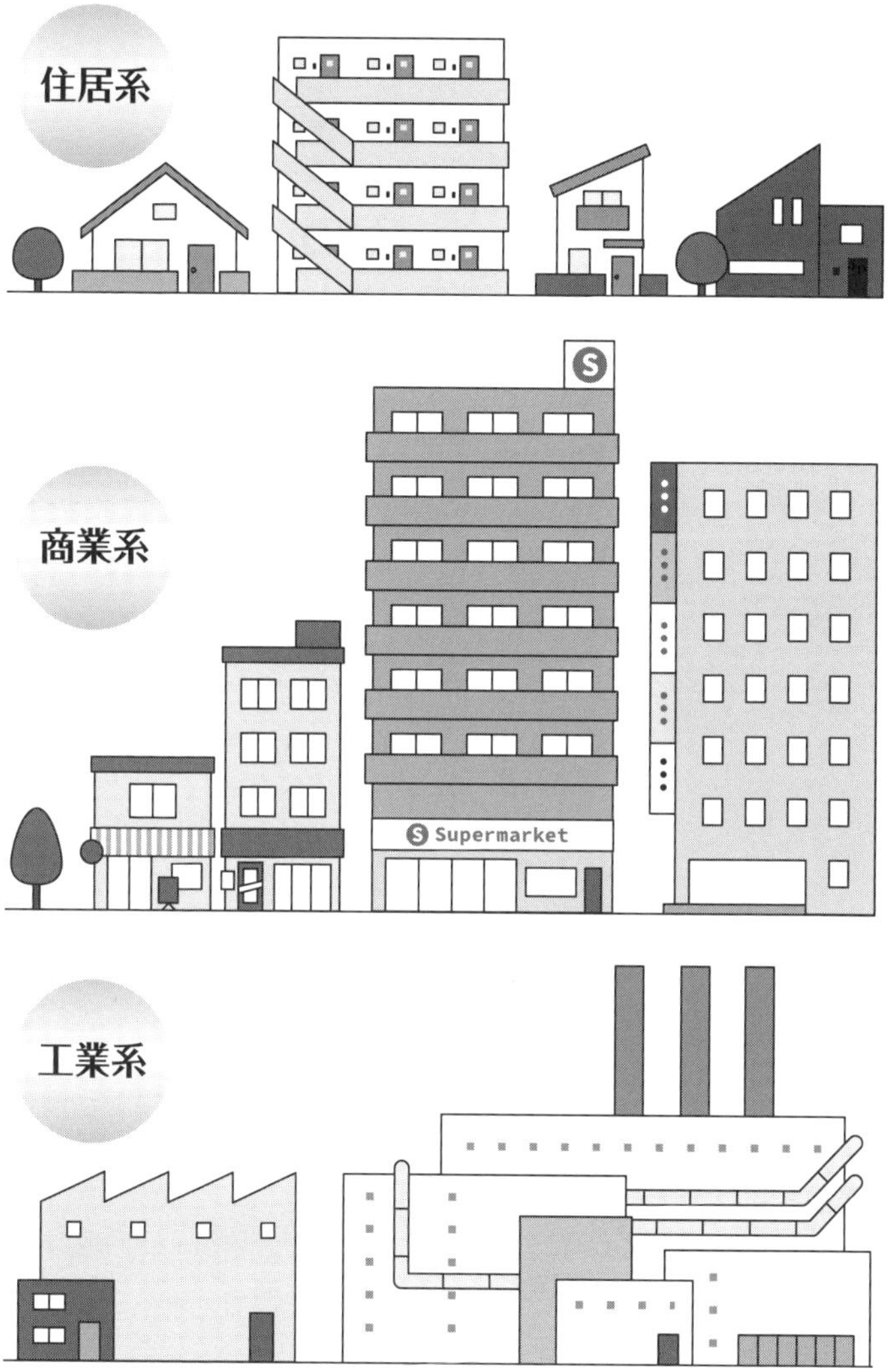

【工業系3種】
・準工業地域
・工業地域
・工業専用地域

以上をざっくり頭に入れて、建ぺい率、容積率も見てみましょう。

建ぺい率は、敷地面積に対する建築面積の割合を指します。敷地面積は「建物を建てる土地の面積」、建築面積は「建物を上から見たときの面積」。簡単に言えば、敷地に対して建物がどの程度の割合を占めるのかをパーセンテージで表すものです。計算式は次の通り。

・建ぺい率（％）＝建築面積÷敷地面積×１００

たとえば、１００平米の敷地面積に、50平米の建築面積の建物を建てたとします。その建物の建ぺい率は50％。敷地に対して半分が建物ということです。

敷地をもっと広く使って建物を建てればいいのに……と思うかもしれませんが、建ぺい率が高くなると防災や風通しなどに弊害をきたす可能性があるため、建築基準法によって建ぺい率の制限が設けられています。

建ぺい率は都市計画において定められ、先の用途地域によって異なる数値が建築基準法で決められています。住居系の用途地域のみ紹介します。

【建ぺい率30・40・50・60%】
・第一種低層住居専用地域
・第二種低層住居専用地域
・第一種中高層住居専用地域
・第二種中高層住居専用地域
・田園住居地域

【建ぺい率50・60・80%】
・第一種住居地域

・第二種住居地域
・準住居地域

住宅系の用途地域によって、建ぺい率は30〜80%まで開きがあるわけです。加えて、いくつかの緩和措置が設けられています。防火地域内の耐火建造物であれば建ぺい率を10%上乗せ（建ぺい率80%の地域以外）、角地であれば同様に建ぺい率を10%上乗せ、などです。

用途地域に応じた建ぺい率を理解していないと、いざ住宅を建てたときに「50平米の広さの建物を建てたかったのに、40平米の広さでしか建てられなかった」といったことになりかねません。要注意ですね。

次に容積率。

容積率は、敷地面積に対する延べ床面積の割合を指します。延べ床面積とは、それぞれの床面積を合計した面積のこと。敷地に対して、どれくらいの広さ（床面積）の建物が建てられるのかをパーセンテージで表すものです。計算式は次の通り。

・容積率（％）＝延べ床面積÷敷地面積×１００

たとえば、１００平米の敷地面積の土地に、１階50平米、２階50平米の床面積の建物を建てたとしましょう。延べ床面積が１００平米ですので、その建物の容積率は１００％となります。

なお、玄関、バルコニー、ロフトなどは延べ床面積に含まれず、地下室、ビルトインガレージなどは面積を割り引いて換算される緩和措置が設けられています。

容積率も建ぺい率と同様に、用途地域ごとに設定されています。住居系のみ紹介します。

【容積率50・60・80・100・150・200％】

・第一種低層住居専用地域
・第二種低層住居専用地域
・田園住居地域

【容積率100・150・200・300・400・500%】

・第一種中高層住居専用地域
・第二種中高層住居専用地域
・第一種住居地域
・第二種住居地域
・準住居地域

この容積率はそのまま適用されるのではなく、住宅の前面道路の幅によってさらに制限されます。計算式は次の通り。

・前面道路の幅×0・4（0・4は住居系の場合。非住居系は0・6）×100＝容積率（%）

たとえば、前面道路が4メートルだった場合、「4×0・4×100＝160%」。都市計画の容積率と前面道路をもとにした容積率を比較して、小さいほうがその土地の容積率

建ぺい率と容積率

建ぺい率

建ぺい率 50% の地域で、敷地が 100 ㎡の場合

50 ㎡まで使用して建物が建てられる

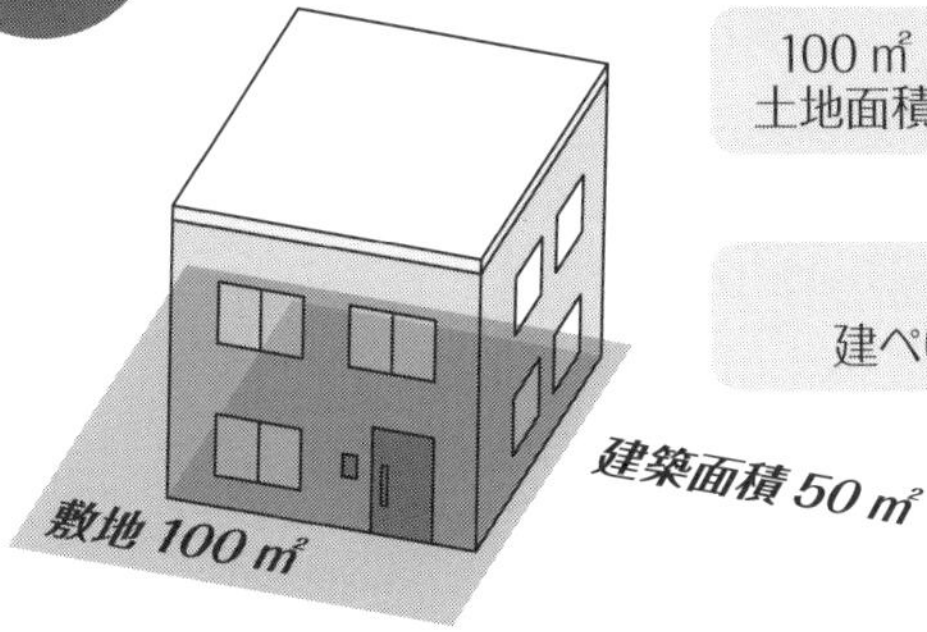

100 ㎡	×	50%
土地面積		建ぺい率

＝

50 ㎡
建ぺい最大面積

容積率

100 ㎡の敷地で建ぺい率 50%、建築面積 50 ㎡の場合

容積率 100% の場合

延べ床面積 100 ㎡の家が建てられる

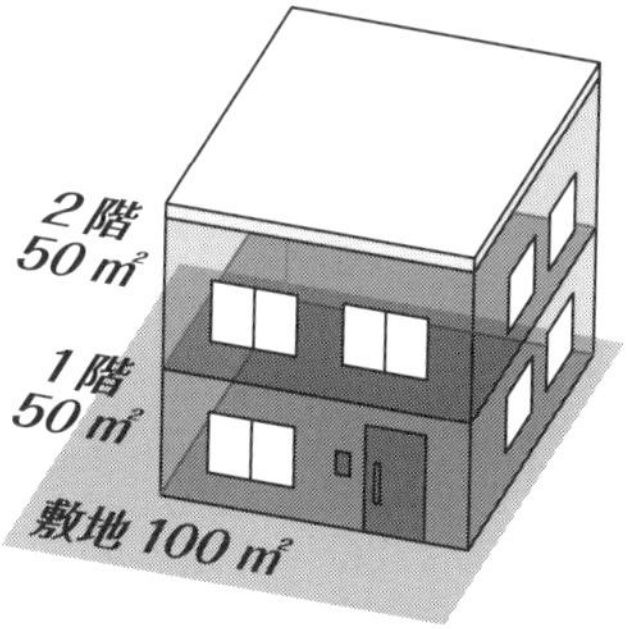

容積率 80% の場合

延べ床面積 80 ㎡の家が建てられる

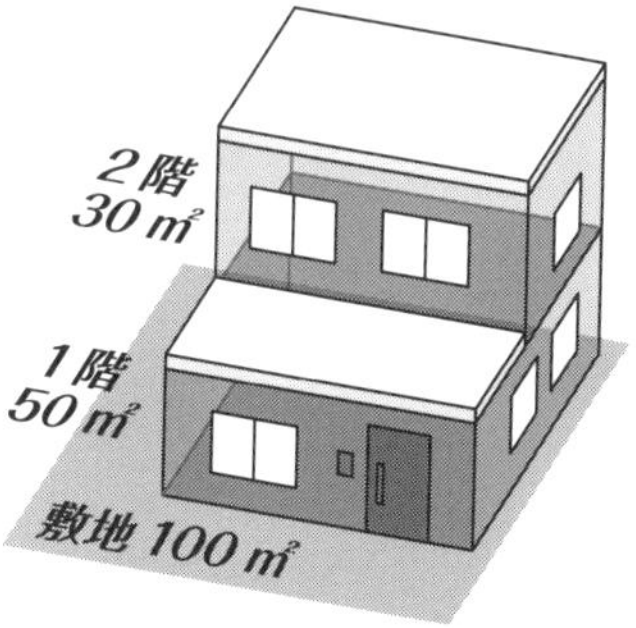

と定められています。仮に都市計画の容積率が２００％だったら、前面道路をもとにした１６０％の容積率が適用されます。

同じ敷地面積でも、建ぺい率や容積率の違いによって建てられる建物は大きく変わります。住宅を建てるときは、土地探しから用途地域ごとの制限を踏まえ、建ぺい率や容積率を確認しておくこと。そうすれば理想のマイホームを実現できます。

不動産の購入＆保有にかかるさまざまな税金について

不動産を購入する際には、さまざまな税金がかかります。また、購入してから不動産を保有する期間中にも税金がかかります。どのような税金を支払わなければいけないのか、それぞれ見ていきましょう。ただし、僕は税務署職員でもなければ税理士でもないので、さわりだけさらっと紹介させていただきます。

【購入時にかかる税金】

・不動産所得税（都道府県税）
その名の通り、土地や建物を取得した際にかかる税金。購入後、所在地の都道府県から納税通知書が届きます。税額は、課税評価額×税率。税率は原則4％。新築住宅の場合、評価額や税率の軽減が受けられます（厳密に言うと、取得してしばらくしてから通知書が届きます）。

・登録免許税（国税）
不動産の購入者が所有権を登記する際にかかる税金。税額は、課税評価額×税率。新築住宅の場合、床面積が50平米以上であれば税率が軽減されます。また、住宅ローンを借りるときも抵当権の登記に登録免許税がかかり、同条件で税率が軽減されます。

・印紙税（国税）
不動産を購入する際の契約にかかる税金。契約書に印紙を貼り、印鑑を押すことで納税したことになります。印紙税が課税されるのは主に、売買契約書とローン契約書。税額は、契約書に記載された金額に応じて決まります。

・消費税（国税）

不動産の売買では土地は非課税、建物は課税されます。税額は、課税評価額×税率。税率は８％。ちなみに、２０１９年10月１日に、消費税の税率が10％に増税される見込みです。住宅購入の場合、９月30日までに建物の引渡しが完了していれば、税率は８％です。ただし９月30日以前に売買契約を結んでも、建物の引渡しが10月１日以降になる場合は、税率は10％になるので気をつけましょう。

なお、個人が売主の場合、土地と建物ともに消費税はかかりません。

注文住宅の場合は、完成時期がずれ込むことがあるため、仮に建物の引渡しが10月１日以降になっても、工事請負契約を３月31日までに締結していれば、８％が適用される経過措置があります。

その他、不動産業者への仲介手数料や司法書士への報酬などにも消費税はかかります。

【保有期間中にかかる税金】

・固定資産税、都市計画税

固定資産の所有者に対してかかる税金。不動産購入後から毎年かかります。固定資産の所在地の市町村が課税します。税額は、固定資産税評価額×税率。住宅の場合、土地の評価額や建物の税額を軽減する措置があります。固定資産税と都市計画税はセットで課税され、市町村から送付される納税書にしたがって年4回または一括で納付します。

このほか、不動産を売却したときにかかる税金（所得税など）があります。

マンション引渡し前に大地震で建物に亀裂が……。売買契約はどうなる？

不動産は売買契約後、物件の引渡しまでに相応の期間があります。

マイホームとして新築マンションを購入したとしましょう。契約を結んだとしても、実際に引渡しを受けるのは数ヵ月後。しばらく心待ちにしなければなりません。

では、その間に大規模な地震が起こり、建物に亀裂や損傷が発生してしまったら、その損害は売主と買主のどちらが負担するのか。こうした自然災害のリスクに対する処置を定めているのが**「危険《きけん》負担《ふたん》」**と呼ばれるものです。

売主の負担なのか。それとも買主の負担なのか。

民法上、不動産のような特定物の売買契約における危険負担は、買主が負担するものと定めています（民法534条第1項）。つまり、買主は自然災害で亀裂や損傷が生じたマンションの売買代金を、建物の引き渡しを受けていなくても支払わなければなりません。

驚きの法律ですが、これは不動産取引の実情と異なります。そこで不動産の売買契約では、自然災害のリスクを売主が負担する特約を設けています。重要事項説明書や売買契約書に次のような一文を入れているのです。

「本物件の引渡前に、天災地変等の不可抗力により、損傷、または、毀損した場合、売主は、その責任と負担において本物件を修復し、買主に引渡すものとする」

この売主負担の特約を定め、双方で合意を得るのが一般的です。買主にとっては、ひと安心と言えるでしょう。

なお、危険負担の対象となるのは、「売主と買主どちらにも非がなく、目的物の一部または全部が滅失もしくは毀損したケース」に限られます。当然ながら売主、買主の過失や故意によるものは適用外です。具体的には、自然災害による不動産の毀損、倒壊、流失、隣家の火事による類焼や何者かによる放火などが挙げられます。

隣家の木の「枝」と「根」が邪魔。どちらかは勝手に切ると法的大問題に!?

隣家の木の「枝」と「根」が、自分の家の敷地まで伸びてくるケースがあります。邪魔だからどうにかしたい。勝手に切ってしまおうか……と頭をよぎったりするでしょう。

しかし、枝と根のどちらかは、勝手に伐採すると法的に問題があり、ニュースなどで報じられるように、隣人同士のトラブルに発展しかねません。

さて、どちらがNGなのか。

民法にその答えがあります。

【民法233条】

第1項　隣地の竹木の枝が境界線を越えるときは、その竹木の所有者に、その枝を切除させることができる。
第2項　隣地の竹木の根が境界線を越えるときは、その根を切り取ることができる。

枝について述べているのが第1項です。「枝を切除させることができる」とあるように、勝手に切るのはNG。木の枝が境界線を越えて自分の敷地に伸びてきているときは、隣家に対して枝の切除を「請求できる」といった意味合いです。

ただし、どんなケースでも切除の請求ができるわけではありません。行き過ぎた請求は民法の「権利の乱用」にあたります。越境してきた木の枝によって、「落ち葉で排水溝が詰まってしまう」など明確な被害を被っていることが前提になります。

根について述べているのが第2項です。「根を切り取ることができる」とあるように、勝手に切ってもOK。越境してきた木の根については、隣家の承諾なしに自身の判断で切り取ることが認められています。もちろん、根も権利の乱用にあたらぬよう、明確な被害を被っていることが前提です。

ただ、これはあくまで法律上の話。「うちの木の根を勝手に切られた」などと軋轢《あつれき》を生むことになりかねないので、根を切るときも隣家にひと言断るのが無難でしょう。

住宅ローンの連帯保証人は離婚しても消えない!?

マイホーム購入時に住宅ローンを組み、夫が主債務者、妻は連帯保証人となるケースがあります（その逆も）。主債務者は金融機関からローンを借りた本人のこと。連帯保証人はその主債務者がローン返済できなくなったとき、返済義務を負う人を指します。連帯保証人の責任は重く、支払いをまぬがれません。

では、離婚したらその責任はどうなるのか。「もう夫婦じゃないんだから、連帯保証人は終わりでしょ」と思う人もいるかもしれませんが、そうではなく、連帯保証人は離婚後も付いてまわります。そのことが悲劇を生んだケースを紹介しましょう。

K田T男さん、Y子さん夫婦は結婚後、念願のマイホームを購入しました。3LDKのマンションで約3000万円。T男さんは妻と2人の子どもの笑顔が見たくて、収入に見合わない住宅ローンを組み、このマンションを手に入れました。

やがて返済が苦しくなります。T男さんは資金を捻出すべく、仕事が終わってからアルバイトを始めました。朝から晩まで働きづめの毎日。Y子さんは子どもたちと寂しい日々を過ごします。きっと魔が差したのでしょう。寂しい思いを埋めるために、Y子さんは不倫に走ってしまったのです。

当然、T男さんは激怒します。「俺がこんなに頑張って働いているあいだに、オマエは別の男と一緒にいたなんて……」と。

K田さん夫婦は離婚。子ども2人はT男さんが引き取り、Y子さんのほうは不倫した男性と再婚して新たな生活をスタートさせました。

離婚後、T男さんは仕事に身が入らず、休みがちに。ローン返済が滞り、立ちいかなくなって物件の売却と自己破産を宣言します。

ローンの契約はT男さんが主債務者、Y子さんは連帯保証人。T男さんの自己破産により、残債2270万円の支払命令がY子さんのもとへ。新しい夫と楽しい生活を送っていたのが一転、地獄に突き落とされたのです。寝耳に水の話に新夫との夫婦仲も悪くなっていきました。

その後、マンションが高値で売れて借金はチャラに。Y子さんは連帯保証人から外れ、事なきを得ました。

しかし仮にマンションが売れても借金が残ったら――。そう、返済義務は連帯保証人のY子さんが負うことになります。

こうなると解決策は見えません。住宅ローンを組む際、連帯保証人になるかどうかの選択を迫られたら、慎重に検討する必要があるでしょう。

COLUMN

兄の保証人になった弟の話

商売をやっている人は、借入れをするためによく身内を保証人に入れることがあります。ここで紹介するのもそのケースです。

兄は建築関係の自営業者。バブルやリーマンショックの際の過剰な投資で借入れ過多の状態が何年も続き、そんな中で借入れをするために弟を保証人にし、弟の自宅の土地建物を抵当として差し入れました。

月日は流れ、景気が良くなることもなく、借入れが減っていくこともなく、兄はついに返済不能に。自宅の土地建物が競売になってしまう直前、弟のほうが僕のところに相談に来たのです。

願いはただ一つ、「この家にこのまま住み続けたい！」ということでした。ただ、このままでは半年後には競売になり、第三者に落札されて、弟さん一家は自宅から立ち退かなければならなくなります。弟さん一家には当時27歳になる同居の息子がおり独身。兄弟は今回の件で仲が険悪になり、一切口をきかなくなってしまいました。兄の借入れは多く、弟さんの抵当不動産を処分したところで借金は大量に残ってしまいます。

「何とか、この家に住み続ける方法はないのでしょうか？」

悲痛な弟さんの叫びに僕は無い知恵をしぼりました。

「任意売却しかないですね。ただ、うまくいく確証はないですし、息子さんのご協力も必要になります」

任意売却とは、本文でも触れましたが、通常の不動産売却とは異なる取引のこと。通常、借入れの残高が3000万円あり、抵当権が設定されていれば3000万円以上の値がつかないと売れません。そこを任意売却では債権者（お金を貸す金融機関）に対し、「残金満額は払えないけれど、抵当権を解除してくれませんか？」と交渉して同意を取りつけます。

競売になってしまうと、どこの誰に落札されるかわからないため、弟さん一家が自宅に住み続けるのは不可能になります。そこで任意売却を選び、「競売の落札予想金額よりちょっと上くらいの金額で、弟さんの息子さんと売買させてくれませんか？」と交渉しようと提案しました。すごく不思議ですよね。兄の過大な借金のために、代わりに弟さんが自分の持っている土地建物を、自身の息子に売却するという話なのです。

このとき売れた1500万円のお金は兄の借金返済にあてられるので、弟さんには一切お金は入らず、弟さんの息子さんは1500万円の住宅ローンを組むことになります。弟さん一家にとってのメリットは、今まで通り自宅に住み続けられることと、近所に気を遣う必要がないことくらいでしょうか。

交渉はうまくいき、債権者は競売を取り下げました。弟さんの息子さんは無事実家を購入することができ、不動産の名義は弟さんから弟さんの息子さんに移りました。息子さんは銀行から1500万円の融資を受け、返済生活がスタート。これで、今まで通りの普通の生活が約束されたのです。

このケースで不思議だったのは、弟さんが兄に対して1500万円の返済を求めなかったことです。

「どうして返済を求めないのですか？」と、兄に返済能力がないことを承知の上だったのですが、僕は聞かずにはいられませんでした。

「兄とはいえ、もう顔も見たくないんです。もういいんです」。弟さんはため息まじりにそうこぼしましたが、家を守れた安心感と、出来の悪い兄と縁が切れたことの喜びのほうが大きかったかもしれません。

一方、兄のほうは、自分の代わりに1500万円を返済することになった弟に対してお詫びやお礼は一切なし。バツが悪いのか、電話の一本もなかったと言います。今ものうのうと商売を続けているそうですが、そんな不義理な人間の商売がうまくいくはずはありませんね。

第6章

挑戦してみよう！不動産の知識テスト＋不動産の簡易査定

簡単に所有不動産の査定ができる
魔法の計算式付き

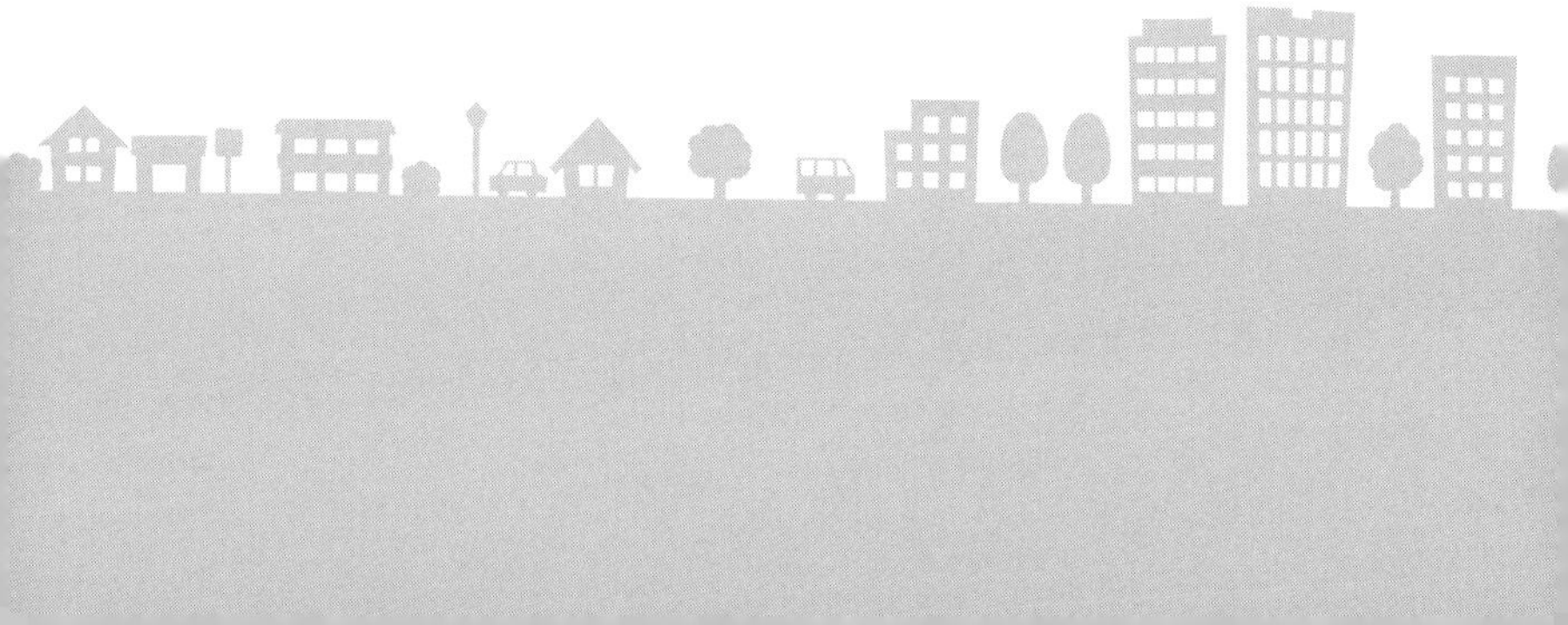

テスト問題

正解と解説は196ページ以降にあります。

※真面目に解いても宅建は受かりません(笑)。真面目な問題と不真面目な問題が混在しています。

問題1

次のうち、物件の瑕疵にあたるものはどれか?

1. 買った物件の敷地内に大量の犬のウ◯コがあった。
2. 買った物件(建物)が傾いていた。
3. 買った物件(収益)にテナントとして入っているお店の経営が傾いていた。

問題2

次ページ写真の境界杭の中で本当は無いものはどれか?

問題3

土地2000万円、建物2200万円（消費税含む）の新築物件を買った時の仲介手数料の額はいくらか？ ただし、消費税率を10％で計算するものとする。

1. 1，386，000円
2. 1，452，000円
3. それ以外の金額

問題4

土地には地目《ちもく》という項目があるが、以下の中で本当にあるものはどれか？

1. 角地
2. 観光地
3. 境内地

問題5

次ページに掲げた物件資料（30坪3500万円の売地）の中で間違いを3つ指摘せよ。

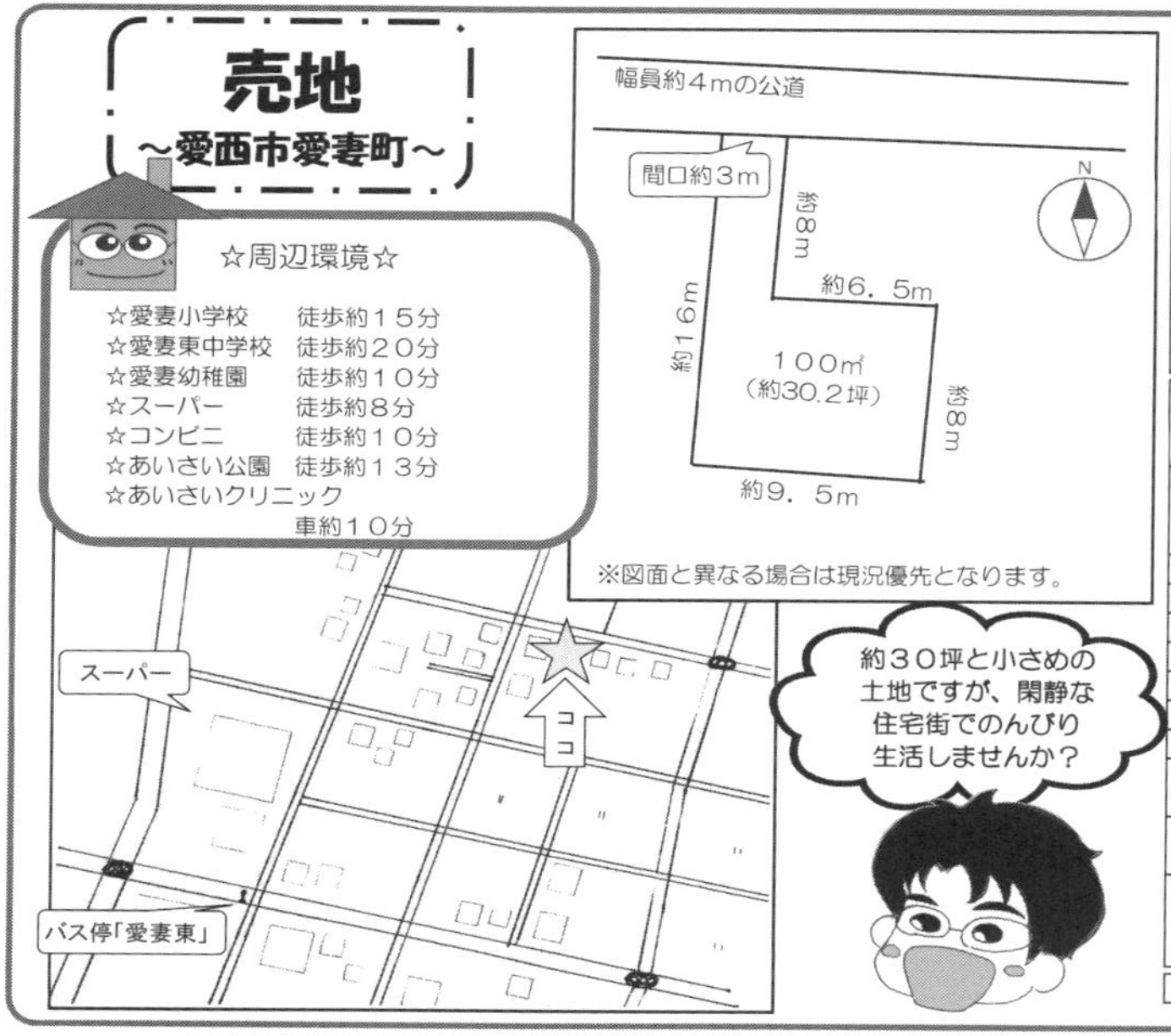

物件種目	売地		
最適用途	住宅用地		
最寄駅	蟹鉄線「愛妻」駅		
土地面積	公簿　100 m²	ほかに私道面積	㎡
価格	350万円（税別）	3.3㎡単価	
所在地	愛知県愛西市愛妻町1－505		
交通	蟹鉄線「愛妻」駅より徒歩約35分 おさんぽバス「愛妻東」停より徒歩約5分		
土地権利	所有権	地目	宅地
都市計画	市街化区域	用途地域	第一種住居地域
建ぺい率	60 %	容積率	200 %
他の制限	22条区域		
地勢	平坦		
引渡条件	現況渡し		
現況	更地	引渡日	相談
接道状況（角地・間口）	北側幅員約4mの公道に間口約3m接する		
設備	公営水道・浄化槽（個別）・電気・プロパンガス		
備考			
会員番号		物件番号	

物件番号

愛知県知事免許（3）第　21294　号

△▼株式会社不動産SOS▼△

〒497-0038 愛知県海部郡蟹江町桜1丁目175番地
TEL:0567－94－0086
FAX:0567－94－0039
定休日：年末年始・GW・お盆はお休み

【客付会社様へ】

■手数料：3%+6万円+消費税
■取引態様：媒介
■情報公開日：2019.5.22

物件所在
愛知県
愛西市
愛妻町

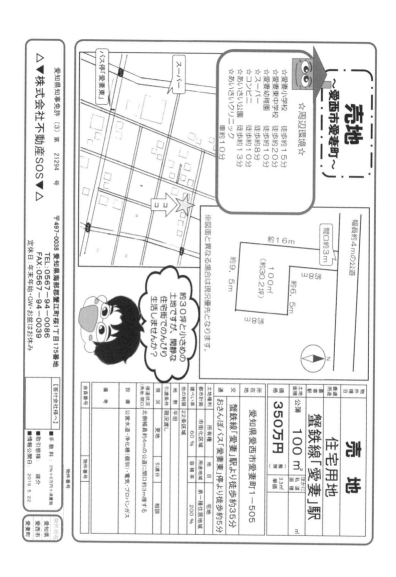

問題6

次のうち宅地建物取引士証に記載されていない宅地建物取引士の個人情報はどれか？

1. 住所
2. 氏名
3. 生年月日
4. 本籍地
5. 顔写真

問題7

不動産チラシにおいて、徒歩○分とは1分あたり何メートルか？

1. 80メートル
2. 100メートル
3. 120メートル

問題8

日本古来からの神社仏閣などで使われる建築技法は次のうちどれか？

1. 木造軸組工法
2. 2×4（ツーバイフォー）工法
3. 鉄骨造
4. 鉄筋コンクリート造

自分のおうちを査定してみましょう！

本章ではかなり簡易的に自分のおうちの査定方法を伝授します！　不動産には必ず地域性がありますので、この計算方法ではぴったりこない方もいるかもしれませんが、その際はご容赦ください！

また、極端な都会や極端な田舎、工場がたくさん建ち並んでいる工業地域などのような特殊要因を含む地域は、この簡易的査定法では適切な数値を導き出すことはできませんのでご注意ください。2019年現在、東海3県下の一般的な住宅地であればこの計算方式で大体の査定額がわかると思います！

①まず自分のおうちの路線価を見てみましょう！（国税庁　路線価のホームページ
http://www.rosenka.nta.go.jp/）

路線価というのはその道路に面する不動産の1㎡あたりの評価額のこと。このホームページからご自身の自宅の土地に面する道路の路線価を見てみましょう。ただし、市街化調整区域であったり、道路自体が私道や認定されていない道路である場合は評価額が定められていない場合があります。

本書の簡易査定方法においては、路線価に1・3を乗じた数字を査定のベース額とします（この1・3という係数は地域によって変えていく必要があります。近隣の売却物件の㎡単価の平均値をとってみて、その地域の路線価の何倍になっているかを確認して、あなたの地域の係数を導き出してみてください！）。

②次に形状・面積・高低差を、次ページの二つの図を参考にして次の計算式にあてはめてください！

土地広さ（㎡）×路線価×1・3×形状係数×面積係数−高低差係数＝簡易査定額

形状係数　次ページ上図の形状と向きの表から近いものをお選びください。

面積係数　その地域の人気の広さかどうか。例として㎡単価15万円以下の地域の場合、132〜165㎡（約40〜50坪）の場合は係数を1。それより広くても狭くても係数を0・9とし、あまりに狭すぎる・広すぎる場合は係数を0・8としてください。

高低差係数　高低差があると造成工事費がかかります。0・5m以上の高低差がある物件だったら造成工事費の見積もりをとってその額を引くことが理想的ですが、ここでは簡易的に高くても低くても高低差（m）×土地の㎡数を係数とします（次ページ下図）。

③次に建物の査定をします。建物はシンプルに左記にあてはめてください！

建物広さ（㎡）×構造別㎡単価＋付加価値＝簡易査定額

構造別㎡単価　194ページの表の構造と年数の交わるところの金額を入れてください。

形状係数

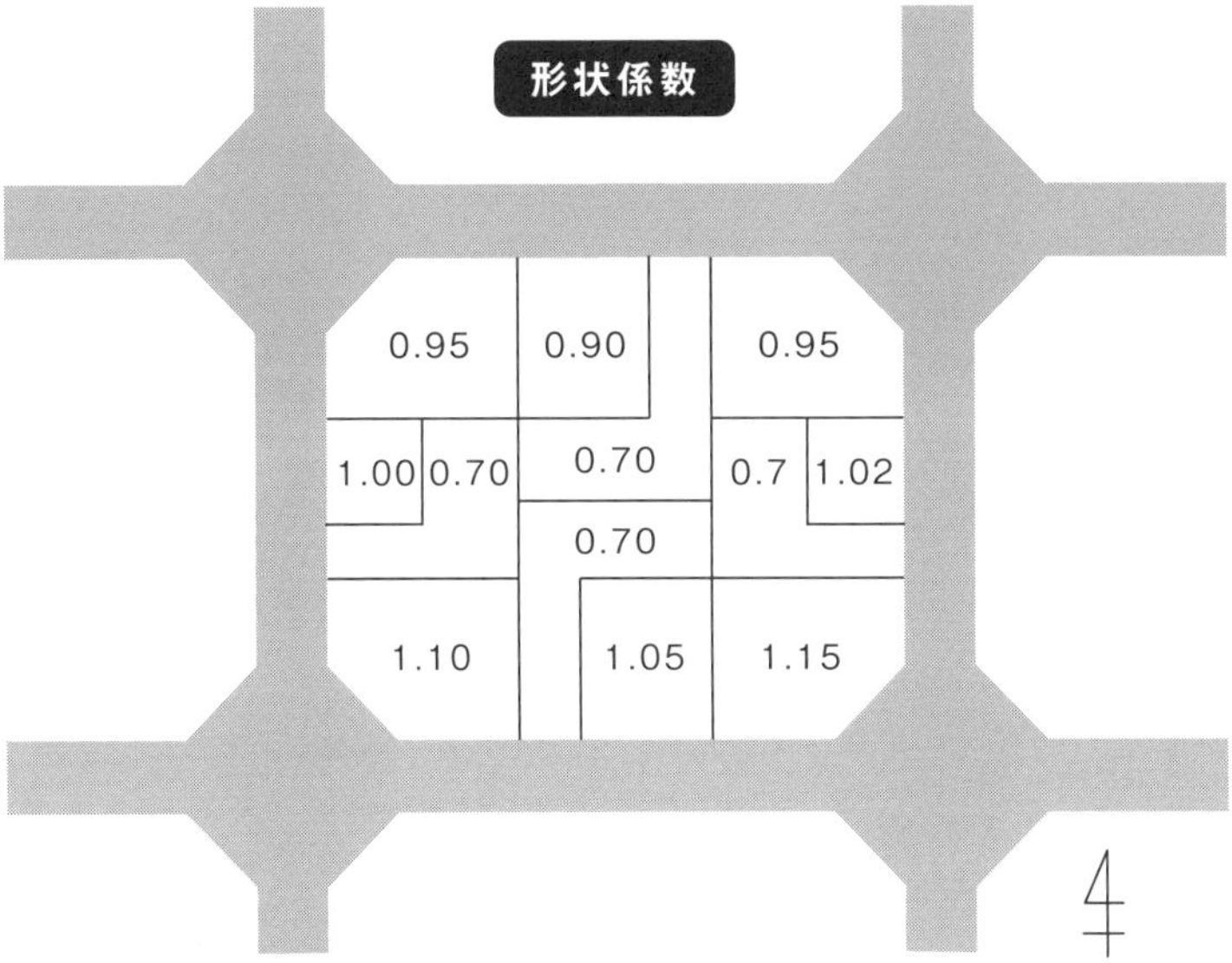

高低差係数

※断面図

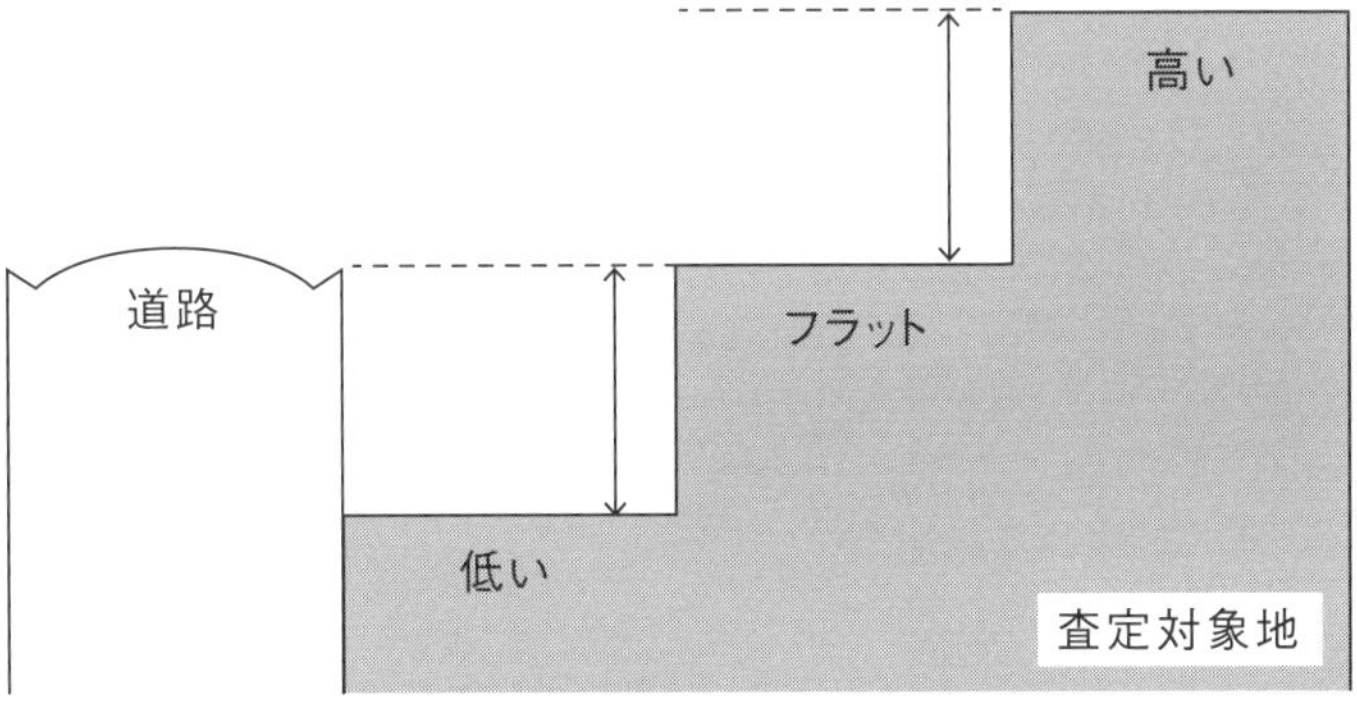

低くても高くても高低差（m）×土地面積（㎡）を
造成工事にかかる概算費用（円）としてみなしてください。

建物査定用　構造別㎡単価

築年数	木	軽鉄	重鉄	コンクリート
1	120,000	130,000	140,000	150,000
2	110,400	119,600	130,200	141,000
3	101,568	110,032	121,086	132,540
4	93,443	101,229	112,610	124,588
5	85,967	93,131	104,727	117,112
6	79,090	85,681	97,396	110,086
7	72,763	78,826	90,579	103,480
8	66,942	72,520	84,238	97,272
9	61,586	66,718	78,341	91,435
10	56,659	61,381	72,858	85,949
11	52,127	56,470	67,758	80,792
12	47,956	51,953	63,014	75,945
13	44,120	47,797	58,603	71,388
14	40,590	43,973	54,501	67,105
15	37,343	40,455	50,686	63,078
16	34,356	37,219	47,138	59,294
17	31,607	34,241	43,838	55,736
18	29,079	31,502	40,770	52,392
19	26,752	28,982	37,916	49,248
20	24,612	26,663	35,262	46,294
21	22,643	24,530	32,793	43,516
22	20,832	22,568	30,498	40,905
23	19,165	20,762	28,363	38,451
24	17,632	19,101	26,378	36,144
25	16,221	17,573	24,531	33,975
26	14,924	16,167	22,814	31,937
27	13,730	14,874	21,217	30,020
28	12,631	13,684	19,732	28,219
29	11,621	12,589	18,351	26,526
30	10,691	11,582	17,066	24,934
31	9,836	10,656	15,871	23,438
32	9,049	9,803	14,760	22,032
33	8,325	9,019	13,727	20,710
34	7,659	8,297	12,766	19,468
35	7,046	7,634	11,873	18,229
36	6,483	7,023	11,042	17,201
37	5,964	6,461	10,269	16,169
38	5,487	5,944	9,550	15,199
39	5,048	5,469	8,881	14,287
40	4,644	5,031	8,260	13,430

新築時の㎡単価は、建てる建築屋さんによっては高いところも安いところもありますが、この簡易査定ではそれは加味せず、同じ単価で計算します。

付加価値　高級な材質のものを使っているおうちの場合やリフォームを施している物件の場合はその価値分を付加しても構いません。また、解体しないといけないような築年数・状態の場合は解体費用分をマイナスする必要があります。建物広さ（㎡）×1・1万円くらいを解体費の目安としてください。

内部残留物がたくさんある場合は別途処分費がかかります。これも本来は解体屋さんから見積もりをとるべきですが、今回はとにかくシンプルにいきます！

④　②＋③が自分のおうちの相場です！　ただし、本書にも書いたように必ず誤差はあります。プラスマイナス10％くらいの誤差はあるとお考えください。

本来であれば、現場の確認や近隣の特殊要因、販売時における需要の有無など綿密に調べて計算しますので、本当に書類上の簡易的な計算です。

特に建物は程度によっても大きく差が出ます。建築を依頼した住宅メーカーによっては、実際の㎡単価はもっと高いと思われますが、高級住宅も趣向物である上、注文住宅の場合は住まわれる人にとって価値が変わってくるので、少しドライに査定してあります。

正解と解説

問題1

正解　2

解説　犬のウ○コは瑕疵にはあたりません。テナントに入っていただいている会社の経営が傾いているのも瑕疵ではありません。建物の傾きは瑕疵にあたります。

問題2

正解　全て境界杭です。

解説　問題として不適切だったかもしれませんが、いろんな形状・材質のものがあり、赤などのスプレーで色がついているケースもあります。境界杭は隣地との境界を示す重要なもので、土地家屋調査士に依頼して確定測量することにより、土地の境界を目視で確認できるようになります。

問題3

正解　1

解説　消費税が含まれている物件の仲介手数料を計算するときは、必ず消費税を除いた土地建物の金額に3％を乗じた額に6万円を加えた額に消費税を加算して計算する。

問題4

正解　3

解説　本書では地目に関して書かれてはいませんでしたが、土地には地目というものがあり、土地の主たる用途により、以下の23種類に区分されます。

田・畑・宅地・学校用地・鉄道用地・塩田・鉱泉地・池沼・山林・牧場・原野・墓地・境内地・運河用地・水道用地・用悪水路・ため池・堤・井溝・保安林・公衆用道路・公園・雑種地

問題5

正解

（1）仲介手数料が間違っている。

（2）土地に消費税はかからない。

（3）第一種住居地域の『第』が『弟』になっている。

解説　（1）に関して。仲介手数料は200万円以下の部分は5％、200万円を超え400万円以下の部分は4％、400万円を超える部分は3％で計算し、その合計額に消費税額を加えたものになります。よって、消費税率が10％で購入物件が350万円の売地の場合、

（200万円×5％＋150万円×4％）×110％＝176,000円になります。

よく、3％＋6万円＋消費税という書かれ方をしますが、これは400万円を超える売買代金の物件の時に400万円以下の部分を簡易的にした計算式なので、本件のような400万円未満の物件には適合しません。上記計算式を数式化すると、

（200万×5％＋200万×4％＋（売買代金－400万）×3％）＋消費税

＝（10万＋8万＋売買代金×3％－12万）＋消費税
＝売買代金×3％＋6万円＋消費税
に、なります。

（2）に関しては解答の通りです。（3）に関しては、以前他社からもらった物件資料が本当にこう書かれていて爆笑しました。確かに見た目も似てるし、兄弟の『だい』とは読めますが……(笑)。

問題6

正解 4

解説 本籍地は書かれていません。重要事項説明を受ける時はしっかり見てみましょう！

問題7

正解 1

解説 不動産広告にある徒歩分数は『徒歩1分あたり80メートル』を意味します。繰り上げで考えますので、その物件から駅までの距離が200メートルとしますと200÷80＝2・5分ですので、徒歩3分と表記します。

また、この距離に関しては、横断歩道の信号待ちの時間や踏切の待ち時間、歩道橋の上り下りにかかる時間などは考慮されません。

問題8

正解 1

解説 最近では鉄骨造や鉄筋コンクリート造の神社仏閣も増えてきましたが、日本古来からの建築技法となると木造軸組工法が一般的です。木造軸組工法は木が豊富にある日本において木を主要建築材料として利用した作り方です。柱や梁《はり》、土台などを木で構成し、設計の自由度が高く、増改築が容易なことも特徴です。

2×4工法も木を使っていますが、木造軸組工法が柱で建物を支える考え方であるのに対して、パネル（面）で建物を支える考え方の工法です。耐震性や耐火性には優れますが、大きな開口が取りにくく、軸組工法に対して設計の制限は多少あります。また、他の工法ではメートルや尺で設計するのに対し、インチで設計することも特徴の一つです（メートルや尺の場合もあり）。

鉄骨造は構造材が木ではなく鉄になります。さらに重量鉄骨造と軽量鉄骨造があり、前者は比較的大規模な建物に利用され、後者は比較的小規模な建物に利用されます。

鉄筋コンクリート造は、引っ張りの力に粘り強い鉄の特性と、圧縮の力に強いコンクリートの特性をいいとこ取りした工法です。耐震性や耐火性、防音性に優れ、耐久性もあります。ネックは、結露と、建築コストや将来の解体コストが他の工法より高いことです。

[illegible]

ISBN978-4-7745-1794-0 C0034